Roswitha Dawid
Alles mal von der anderen Seite sehen

Brustkrebs-Tagebuch

Roswitha Dawid

Alles mal von der anderen Seite sehen

Brustkrebs-Tagebuch

Re Di Roma-Verlag

Bibliografische Information der Deutschen Nationalbibliothek:
Die Deutsche Nationalbibliothek verzeichnet diese Publikation in der Deutschen Nationalbibliografie; detaillierte bibliografische Daten sind im Internet über http://dnb.ddb.de abrufbar.

ISBN 978-3-86870-614-7

Copyright (2014) Re Di Roma-Verlag

Umschlagillustration: prokop / photocase.com

Alle Rechte beim Autor

www.rediroma-verlag.de
9,95 Euro (D)

Mein Name ist Roswitha Dawid, ich bin 47 Jahre alt und seit 28 Jahren mit Klaus Dawid verheiratet.

Unser Sohn ist Andreas Dawid mit Schwiegertochter Steffi. Meine Mutter ist 2005 verstorben. Mein Vater ist 82 Jahre alt und lebt mit Rosa Müller zusammen. Ich arbeite im Klinikum Hildesheim. Habe die Ausbildung beim DRK Hannover von 1993 bis 1996 gemacht und bin sozusagen verliehen an das Klinikum. Ich arbeite auf Station 8, einer 40 Betten-Station. 20 interne und 20 chirurgische Fälle. 40 Stunden in der Woche. Ich bin ein sehr lebensfroher, sympathischer, liebevoller Mensch. Habe mittellange blonde Haare, bin mittelschlank und 168 cm groß. Alles war vorher super. Wir haben ein schönes Häuschen in Bierbergen. Jeder hat sein Auto. Wir hatten auch unseren Urlaub gebucht.

Es war ein Donnerstag, der 06.05.2011. Ich war auf der Arbeit und erzählte meiner Kollegin Julia, dass ich bei mir in der linken Brust einen Knoten ertastet hatte. Ich dachte, es sei eine Zyste. Sie sagte, »Rossi«, was mein Spitzname ist, »geh noch heute zum Gynäkologen.«

Das tat ich auch, bei Dr. Uhu in Hildesheim. Ein sehr netter Arzt. Er machte sofort eine Mammo- und Sonografie. Er sagte mir gleich, dass es Mamma CA sein könnte. Er hat auch eine Stanze gemacht. Ich lag da so in einem Ultraschallraum und über mir eine große Deckenleuchte. Als er mir das sagte, hätte ich am liebsten laut geschrien. Ich nahm meine Stanze und die Probe und wollte sie zum Klinikum bringen, zu Professor Bur. Doch es war schon 16.30 Uhr und ich stand vor verschlossener Tür. Es war Freitag und ich ging zur Arbeit. Ich war total verweint und sie fragten »Rossi, warum hast du so dicke Augen?«

Ich schwindelte und erzählte ihnen, dass ich das Kontaktlinsenzeug nicht vertragen habe.

Am Samstag fuhr Klaus mit mir nach Hildesheim, neue

Schlafanzüge kaufen. Am Sonntag fuhren wir nach Hannover. Unsere Fahrräder hinten auf unserem Auto. Am Maschsee parkten wir und fuhren mit den Rädern zur Innenstadt. Da waren viele Menschen, da dort ein Marathonlauf stattfand, von 5 km, 10 km und 42 km. Als die an uns vorbeiliefen, wusste man nicht, wer wie viele km lief. Die sahen alle schon so fertig aus. Wir waren dann in Hannover in einer italienischen Eisdiele, einen großen Eisbecher essen. Ich habe einen Erdbeerbecher und Klaus einen Amarenbecher gegessen mit Sahne.

Dann wieder zu Hause, habe ich meine Brüder Henri und Klausi informiert. Und meine Freundinnen auch, Arbeitskollegin Julia und Wiltrud. Meine Freundin Jana konnte ich nicht erreichen.

Mein erster Tag im Krankenhaus in Hildesheim war am 12.05.2011. Steffi hat mich ins Krankenhaus gebracht. Wir waren in der Aufnahme und die Dame war sehr nett. Dann auf Station F2, Zimmer 204 angekommen und auch gleich zum MRT. Beim MRT habe ich eine Braunüle erhalten. Der Pfleger erzählte nicht viel. Die Untersuchung war anstrengend, ungefähr eine halbe Stunde auf dem Bauch liegen. Dann habe ich noch Mittag bekommen.

Es kam eine Praktikantin rein und ich musste zur Nuklearmedizin. Dort haben sie mir um die Brustwarze vier Spritzen gegeben. Da war Radioaktivität drin, ca. 20 Minuten. Ich ging wieder auf Station. Da lag meine Zimmernachbarin Frau Schwartze. Sie wurde auch an der Brust operiert. Sie war ca. 63 Jahre alt. Sie schnarchte sehr.

Ich musste nochmals runter in die Nuklearmedizin auf der Seite liegen für 15 Minuten und mir tat der Arm sehr weh. Wieder auf Station habe ich Kaffee bekommen und danach kam eine Schwester, die mich aufnahm. Ihr Name war Frau Sahra und sie war sehr nett. Dann kamen mein Mann Klaus und mein Sohn Andi. Sie sind ungefähr nach einer halben

Stunde wieder gegangen. Ich habe mit Frau Schwartze, meiner Bettnachbarin, Fernsehen geschaut. Wir haben um 22.00 Uhr das Licht ausgemacht. Ich habe eine Schlaftablette, Stilnox, genommen. Ich habe bis 3.30 Uhr geschlafen und bin dann um 6.00 Uhr zum Duschen gegangen. Habe mein Bett ordentlich gemacht, wie es sich für eine Krankenschwester gehört. Danach bin ich rausgegangen, um mein Buch zu schreiben:

Die fangen um 6.30 Uhr an mit ihrer Arbeit. Ich habe schon etwas Angst vor der OP. Es heißt, ich soll gegen 11.00 Uhr dran sein. Dann öffnet sich die Tür und die Stationsärztin kommt herein, ca. 8.30 Uhr. Ich will meine Fragen stellen, die ich mir aufgeschrieben habe. Plötzlich kommt die Schwester rein und sagt mir, dass ich schon jetzt dran bin. Sie ziehen sich sofort um, es geht gleich los.

Dies tat ich und versuchte zwischendurch zu fragen, was beim MRT raus kam. Aber das konnte mir die Ärztin nicht sagen. Wie meine Tumormarker sind, konnte sie mir auch noch nicht sagen. Aber die Schwester hat sie mir ausgedruckt und sie waren im Normbereich. Ich nahm meine Tablette ein, hatte ein schickes OP-Hemd und Strümpfe an und schon wurde ich in den Aufwachraum, der riesig war, gebracht. Eine Schwester hat mich nach Namen und Geburtsdatum gefragt. Und dann ging es in den OP. Dort habe ich eine Maske aufbekommen und war weg. Als ich aufwachte im Aufwachraum, fragte mich eine Schwester, ob ich Schmerzen hatte und ich sagte »ja, Stufe 7«. Daraufhin spritzte sie mir ein Schmerzmittel. Dann hat sie mich wieder gefragt und ich sage, »jetzt Stufe 4«. Sie spritzte mir noch etwas.

Ich wurde auf Station gebracht und musste gleich zur Toilette und sie ging mit mir. Es war mir schon etwas taumelig, aber es klappte. Frau Schwartze kümmerte sich liebevoll um mich. Etwas später kam der Chefarzt und erzählte mir dass sie 15 Lymphknoten entfernt haben und einer befallen war. Der Tumor sei 1,3 cm groß gewesen. Ich hatte zwei Redonflaschen. Ich weinte dann erst mal, weil er mir sagte, Bestrahlung und Chemotherapie müsse ich bekommen.

Nach der OP kam meine Kollegin und Freundin Regina, danach kam mein Mann Klaus. Als die beiden weg waren, habe ich mit meiner Bettnachbarin fern geschaut und Zeitungen gelesen.

Am nächsten Morgen war ich schon um 4.30 Uhr wach, aber aufgestanden bin ich um 6.30 Uhr. Bin ins Bad gegangen und habe mich gewaschen. Es ging mir einigermaßen. Ich hatte noch Schmerzen in der Brust. Meine Bettnachbarin hatte noch eine Voltarentablette, die ich einnahm. Dann habe ich mir einen schicken, blauen Schlafanzug angezogen und eine weiße Jacke. Wir sind dann zum Frühstück gegangen. Dort saßen auch zwei Damen am Tisch. Die eine hatte auch eine Brust-OP, sie war schon 67 Jahre. Die andere Frau war ungefähr 40 Jahre alt und hatte eine Unterleibs-OP, die war so ein Mannsweib. Dann gingen wir wieder auf das Zimmer und haben uns Zeitungen angeschaut und auf Mittag gewartet. Mir sagte auch eine Schwester, dass ich eventuell noch einmal operiert werden könnte und Chemo erhalte. Danach weinte ich wieder, rief Klaus an und sagte ihm dies. Klaus kam und wir setzten uns auf die Stühle im Flur. Ich weinte wieder.

Ich muss abwarten auf Montag oder Dienstag, bis der Endbefund kommt. Ich möchte mich eigentlich nicht erregen, aber ich denke auch über alles nach. Was wird mit mir werden? OP nochmal? Hat der Tumor gestreut? Wie lange lebe ich noch? Es ist alles sehr schwer. Abwarten, Abwarten, Abwarten. Heute will ich mit meiner Bettnachbarin den Grand Prix de Eurovision de la Chanson sehen. Lena singt für Deutschland, 1. Platz. Ach, was noch wichtig ist.

Heute war viel Besuch da. Klaus, Barbara und Manfred, Freunde aus Wernigerode und mein Bruder Henri. Es kam auch unser Sohn Andreas. Steffi hat angerufen und gesagt, dass sie morgen früh kommen möchte.

Ich habe schlecht geschlafen und war alle zwei Stunden wach. Ich bin um 5.30 Uhr aufgestanden, habe mich gewaschen, die Haare auch. Ich bin auf den Flur gegangen und wollte mir einen Fön holen, aber der war weg. Ich legte mich wieder hin und wartete. Frau Schwartze schlief noch und schnarchte schön. Wir verstanden uns sehr gut. Es war Visite, die Ärztin war sehr nett und ich konnte ein paar Fragen stellen. Sie haben ein Redon gezogen, der in der Brust lag. Da hatte ich Bammel vor. Es tat nicht weh. Wir sind dann zum Frühstück gegangen. Die eine Patientin bat um Rühreier. Sie war schon sehr dick und aß alles auf. Die Patientin hatte eine Wundheilungsstörung, weil sie so dick war. Na ja, es dauerte nicht lange, da kam meine Freundin Sandra und ihr Mann Mirko. Es kam auch unser Sohn Andreas, allein. Da war ich etwas traurig, aber Steffi musste zu ihrer Mutter. Hier bei uns auf Station E2 waren auch Babys. Steffi war ja schwanger und würde so um den 25. September entbinden. Die Hochzeit war im August.

Mittags gab es Hähnchen. Ich wartete auf den nächsten Besuch. Mein Mann Klaus, mein Vater und Rosa kamen. Es klopfte an die Tür und unsere Freunde und Nachbarn Iris und Axel kamen. Wir setzten uns in die Besucherecke und sprachen darüber, was mich so berührt. Ich war froh, dass alle da waren, aber es war anstrengend. Abends sind die Schwestern um 19.00 Uhr durchgegangen, es gab Thrombosespritzen. Ich bin da immer sehr zimperlich.

Wir guckten heute Abend die Kastelruther Spatzen, das sah meine Bettnachbarin gern. Wir haben uns heute das Du angeboten. Sie heißt Bärbel Schwartze, angenehm, Roswitha. Danach haben wir noch »Fluch der Karibik 2« gesehen. Jetzt duzten wir uns.

Heute ist Montag, der 16.05.2011, wieder ein neuer Morgen. Ich bin schon um 5.30 Uhr zum Duschen gegangen. Das Bett ordentlich gemacht. Ich warte auf das Frühstück. Es ist hier immer Warten angesagt. Das Essen ist hier ganz gut. Ich habe gleich heute früh Klaus angerufen. Er sagte, dass Steffi vielleicht heute kommt. Heute habe ich noch ein paar Untersuchungen vor mir. Herzecho und Ultraschall von der Leber und morgen Szintigramm. Ach, übrigens hat Regina gestern Abend noch angerufen. Sie ist echt super und sagte mir, dass Julia heute noch kommt. Regina meinte, unsere Ärzte wüssten noch nicht dass ich Brustkrebs habe.

Ich wartete auf meine Untersuchungen. Nachmittags gegen 14.00 Uhr wurde ich zum Sono vom Bauch gebracht. Da war eine energische Ärztin, die meinte, unauffällig, außer einer Fettleber. Aber die haben ja sehr viele Menschen. Dann wurde ich von einem neuen Krankenpflegeschüler zum Herzecho gebracht. Da wurde ich von einem sehr jungen, gut aussehenden Pfleger aufgerufen. Musste mich auf eine Liege legen. Eine junge Ärztin machte das Herzecho, was unauffällig war. Ich bin allein wieder zurückgegangen. Es dauerte nicht lange, da kam Julia, meine Arbeitskollegin und auch Freundin. Ich freute mich und sie brachte mir einen Engel mit. Wir setzen uns in die private Besucherecke und redeten darüber, wie es mir ergangen war. Andi und Steffi kamen auch. Steffi sagte zu mir, sie wisse nicht, wie sie mit mir umgehen soll. Ich sagte ihr, »ganz normal, wie vorher auch«. Andi brachte sein Handy mit, wo er ein Foto von Benny, dem Hund, hatte. Vorher hatte Benny langes, zotteliges Fell. Jetzt war er kurz geschoren. Er sah so dünn aus. Sie brachten uns den Benny immer freitags oder samstags bis sonntags vorbei. Klaus geht regelmäßig mit ihm spazieren. Benny sah viel jünger aus, er ist ein unechter Westi.

Klaus kam erst um 18.00 Uhr. Sein Auto war wieder kaputt. Es war ja erst vor zwei Tagen in der Werkstatt, der Anlasser. Und gestern blieb es dann wieder liegen. Mein Vater musste ihn abschleppen und den Einschreibebrief wegen der Versicherung unserer Reiseabsage abgeben. Das Auto ist erst 3 Jahre alt. Klaus ging dann wieder. Er war auch kaputt.

Wir haben Fernsehen geschaut. Es war 22.00 Uhr, da klopfte es an der Tür und Regina, meine Freundin, kam herein. Wir gingen in die Besucherecke und redeten über alles, was mich belastete, meine Ängste und das Ungewisse.

Am nächsten Morgen wieder um 5.30 Uhr aufgestanden, gewaschen, angezogen und Haare gewaschen. Wir warteten auf Visite. Frau Dr. Darn kam mit zwei Ärzten herein. Ich hatte mir sieben Fragen aufgeschrieben und gestellt. Was ist beim Herzecho rausgekommen. Sie sagte, »alles normal«. Was beim Bauchultraschall rauskam, konnte sie noch nicht sagen. Aber die andere Ärztin sagte, »alles normal«. Erst Chemotherapie und dann Bestrahlung, höchstwahrscheinlich ja. Die Ärztin sah mir an, dass ich noch viele Fragen hatte. Versuchte aber, einige zu beantworten. Die Ärztin hieß Fr. Dr. Darn wie im Klinikum der Stationsarzt. Ich habe sie gefragt, ob sie mit ihm verwandt sei. Sie sagte, »ja, er ist mein Mann. So jetzt warten wir wieder.«

Wir gingen zum Frühstück, es war ausreichend. Wieder Warten angesagt. Meine Nachbarin wurde zum Knochenszinti abgeholt. Und zu mir kam die Krankengymnastin. Sie hat mir Übungen gezeigt. Es schmerzte noch, aber es tat mir gut. Zu Mittag gab es Kartoffelsuppe mit Würstchen.

Heute haben Wiltrud und Sandra angerufen. Steffi und Andi haben auch abends angerufen. Klaus kam vorbei. Er hat mir meine Hirnfongtropfen gebracht. Ich hatte Bauchschmerzen und etwas Durchfall, weil meine Bettnachbarin Bärbel erfahren hatte, dass sie nochmals operiert werden musste.

Abends sahen wir fern. Meine Wunde lief nebenher. Ich habe Bescheid gesagt und das Pflaster wurde erneuert. Abends kam die Nachtschwester rein und hat mich gefragt, ob ich Ohrenstöpsel bräuchte, weil meine Nachbarin so laut schnarcht.

Am nächsten Morgen stand ich um 5.30 Uhr auf und ich habe mich gewaschen. Ich setzte mich bei den Privaten in den Aufenthaltsraum und las die Hildesheimer Zeitung. Da stand auch ein Patient, den ich gepflegt hatte, ein älterer Herr, in der Zeitung, der verstorben war. So, jetzt hieß es, wieder abwarten. Mein Ergebnis sollte heute kommen. Ich hatte richtig Schiss davor.

Heute ist Mittwoch, der 18.05.2011. Visite war schon. Ich habe nachgefragt, ob in Hannover während der OP eine Bestrahlungskugel eingesetzt wird. Ob man das hier auch macht, nein. Es wird zwar in manchen Kliniken gemacht, aber hier nicht. Es klopft und meine Nachbarin wird nochmals in den OP gefahren. Ich sagte zu ihr, alles Gute.

Meine Freundin Sandra wollte heute kommen. Ich bin vom Frühstück gekommen und habe in Zeitungen rumgeblättert. Und dann kam Sandra. Ich habe mich riesig gefreut. Ich erzählte, dass ich noch kein Ergebnis hatte. Und dann klingelte das Handy. Endlich Jana. Sie hatte Wechselschicht. Wir haben etwas geredet. So nach einer halben Stunde klopfte es, Ines, meine Freundin und Nachbarin. Meine Sandra verabschiedete sich. Ich ging mit Ines in die Cafeteria. Wir redeten über ihren Hund Benny, der nach ca. 13 Jahren verstorben ist. Sie war ganz fertig. Dann redeten wir über mich. Und zum Schluss fragte sie, warum Klaus und ich uns distanziert hatten von den beiden, sie seien ja auch unsere Nachbarn und Freunde. Jan hatte irgendwann mal einen dummen Spruch gemacht. Das war der Grund. Aber man kann ja über alles reden. Sie wollte gerade gehen, da sollte meine Redonflasche gewechselt werden. Es kam Schwesterschülerin und Nonne Christina rein. Sie war sehr hübsch, hatte schwarze Haut und kam wohl aus dem Kongo. Sie wollte Hebamme werden und dann wieder zurück gehen. Es kam die Krankengymnastin, zeigte mir Übungen für meinen Arm.

Es war wieder Warten angesagt. Meine Nachbarin kam aus dem Aufwachraum. Sie hatte die zweite OP gut überstanden.

So gegen 14.00 Uhr, ich war schon ganz fertig, kam mein Ergebnis. Der Knoten unter der Brust war raus und ein bösartiger Mammakarzinom, das wusste ich schon. Und bei dem Lymphknoten war einer befallen von 15 Stück. Alles andere war frei von Metastasen. Es standen in dem Bericht, den ich mir ausdrucken ließ, noch so schwierige Wörter, die ich auch nicht kannte. Deshalb wollte ich gucken, ob ich draußen eine Ärztin sehe. Als ich auf dem Flur war, stand der Chef, Dr. Kanz, da, den ich auch ansprach. Er erklärte mir, dass auch noch Befunde nach Halle geschickt worden seien und dass alles drauf hinauslaufen würde dass ich eine Chemotherapie erhalte, da ich 47 Jahre sei. Wenn ich 20 Jahre älter wäre, dann wäre nur eine Bestrahlung angesagt. Es handelt sich um einen Sentinel-Lymphknoten ohne Karzinommetastase in der Axilla und einen prämenopausaelen lobulär-invasiven Mammakarzinom links/außen pT 1c (1,3cm) pN 1a (1/15). Ich hatte am Freitag noch ein Knochenszintigramm. Ich versuchte Klaus zu erreichen. Doch auf meinem Handy waren nur noch zwei Euro. Ich sollte um 16:45 Uhr zur Frauengruppe und wollte, dass Klaus erst um 18.30 Uhr kommt. Ich habe ihn dann doch erreicht.

Die Psychoonkologin holte mich ab. Es waren nur fünf Frauen da. Die eine war Lehrerin und hatte vor einem Jahr Brustkrebs. Die andere war Rentnerin und 78 Jahre alt. Dann war eine da, die hatte vor zwei Jahren Brustkrebs und jetzt was mit der Gallenblase. Ich gab ihr den Rat, sich an Prof. Rater zu wenden. Der Chef vom Klinikum, der ist für Sonderfälle zuständig. Sie war dann sehr beruhigt. Als ich wieder hochkam, kam Klaus. Ich freute mich und erzählte alles. Wir haben uns draußen auf die Bank gesetzt. Als ich meinen Schatz verabschiedete, dauerte es nicht lange und mein Sohn kam vorbei. Wir wollten gerade »Let's Dance« sehen. Wir setzten uns in die private Sitzecke und redeten über mich. Andi meinte: »Sieh es positiv, du siehst dein Enkelkind aufwachsen, ein Jahr lang. Du kannst mit Steffi spazierengehen.«

Er wollte mich beruhigen auf meinem schweren Weg, den ich noch vor mir hatte. Ich brachte ihn runter. Er war mit dem Motorrad da.

Wir haben dann Fernsehen geguckt.

Ich habe die Nacht wieder schlecht geschlafen. Ich hoffe mein Redon wird heute gezogen, es sind aber noch 70ml gelaufen. Wir warten auf Visite. Meine Bettnachbarin hat einen Anruf bekommen von ihrem Lebenspartner Horst. Das Wetter draußen ist gut.

Wir sind heute erst zum Frühstück gegangen. Dann war Visite. Da sagte mir Fr. Dr. Darn, dass ich auf jeden Fall erst Chemotherapie bekomme, auch wenn die Werte von Halle noch nicht da sind. Da ein Lymphknoten befallen war. Ich weinte wieder. Es riefen Sandra, Jana und Heike B., unsere Hauptnachtwache, an. Der Mann meine Bettnachbarin kam. Wir sind alle drei in die Cafeteria gegangen und er hat uns einen Cappuccino ausgegeben. Das war nett. Sie haben mir auch ganz viel teure Cremes geschenkt. Dankeschön. Wir sind dann wieder auf Station gegangen und haben zu Mittag Gyros gegessen. Dann ruhten wir uns aus und machten anschließend Gymnastik. Wir waren kaputt und haben Mittagsschlaf gemacht. Ich erzählte ihr von früher von meiner Familie. Das fand Bärbel toll. Ich bin dann in die Sitzecke gegangen und habe mir einen Cappuccino gemacht und mein Buch geschrieben.

Bald wird Klaus kommen. Wir waren Abendbrot essen. Ich bin sehr froh gewesen, dass ich so eine tolle Bettnachbarin hatte, die mich so aufgebaut hat. Sie ist lustig, humorvoll und sehr nett. Jetzt klopft es an der Tür und mein Klaus kommt rein und erzählt mir, dass unser Auto kaputt ist, immer noch. Die Werkstatt in Bierbergen weiß keinen Rat und bringt das Auto nach Hildesheim zur Opel-Werkstatt. Es wird ungefähr 1000 Euro kosten.

Er erzählte mir, dass er auf Arbeit ein großes Becken abpumpen sollte, da war Schlamm drin und da gibt es mehrere Klappen und eine war undicht und Gas strömte aus. Klaus meldete es sofort. Der eine sagte, er sei nicht zuständig. Er ging zu einem anderen, der läutete sofort Alarm aus. Feuerwehr und alle wichtigen Leute kamen. Klaus sollte eigentlich flexen. Wenn er es nicht bemerkt hätte, dann wäre der ganze Ortsteil Vöhrum in die Luft geflogen. Das hätte ich nicht überstanden. Klaus wäre tot und ich sollte Chemotherapie bekommen. Das hätte ich nicht gemacht. Ich küsste meinen Klaus und war froh, dass nichts passiert ist. Ich liebe ihn über alles.

Wir gingen nach draußen auf eine Bank. So nach einer Dreiviertelstunde musste er wieder los. Wir haben wieder mal Fernsehen geguckt.

Heute ist Freitag, der 20.05.2011. Ich habe heute noch ein Knochenszintigramm. Da strahle ich etwas, darf keinen Kontakt zu Schwangeren, also auch nicht zu Steffi haben. Meine Bettnachbarin geht heute nach Hause. Ich weiß es noch nicht. Ich habe die Untersuchung gehabt, 12 Minuten liegen bleiben und nicht bewegen. Ich sollte wieder auf Station und ein Liter Wasser trinken und gegen 10.40 Uhr wieder zur Knochenszintigramm, 45 Minuten ruhig liegen. Ich war froh, als ich es geschafft hatte.

Wieder auf Station gab es zu Mittag Spinat und Fisch. Meine Bettnachbarin musste auf ihre Papiere warten. Sie war bis 14.00 Uhr da. Ihr Partner hat sie abgeholt. Wir verabschiedeten uns. Sie war sehr nett, und wenn ich wieder gesund bin werde ich mich mit ihr treffen und möchte ihr mein Buch schenken. So, ich durfte das Zimmer nicht verlassen wegen dem Knochenszintigramm. Ich habe Fernsehen geguckt. Dann kam mein Mann Klaus und wir sind in den Garten, den es hier im Krankenhaus gab. In der Cafeteria waren wir auch. Klaus hat einen Kuchen gegessen und Kaffee getrunken. Ich habe ein Eis gegessen. Wir gingen wieder auf meine Station E2. Es kam eine Schwester mit einer Thrombosespritze und einer Schlaftablette. Da fragte die Schwester: »Braucht eine Krankenschwester das?«

Ich sagte: »Ja, man kann hier schlecht schlafen.«

Ich habe wie immer Fernsehen geguckt. Am nächsten Morgen bin ich um 6.00 Uhr aufgestanden, habe mich fertig gemacht und auf die Visite gewartet. Da kamen Dr. Scholz und eine Schwester rein. Er fragte, wie viel im Redon gelaufen wäre. Ich sagte, »10 ml«.

»Raus damit«, sagte er. Er war ein junger, gut aussehender Arzt. Ich war froh. Es war Samstag und ich durfte nach Hause. Ich rief Klaus an und sagte ihm, dass er mich um 10.00 Uhr abholen kann. Er sagte, er muss sich noch fertig machen. Als er kam, freute ich mich, endlich zuhause. Wir sind noch in die Stadt gefahren, Cappuccino trinken und mal wieder andere Menschen sehen. Ich wollte gerade zur Toilette, da rief meine Stationsleitung, Schwester Beate, an. Sie meinte ich bin eine starke Persönlichkeit und ich würde es schaffen. Das gab mir Mut. Dann nach Kaufland und Lebensmittel für das Wochenende einkaufen. Klaus wollte noch für unseren kleinen Garten Pflanzen kaufen. Ich blieb im Auto sitzen. Es war für mich sehr anstrengend. Die ganze Woche im Bett viel gelegen und dann so viel laufen. Als wir zu Hause waren, kochte ich Spaghetti Bolognese und ich sah Andis Hund Benny. Er war ganz kurzgeschoren. Er sah gleich viel jünger aus. Am Wochenende ist der Hund immer bei uns.

Dann habe ich unten das Wohnzimmer, Küche, Gäste-WC und den Flur geputzt. Klaus sagte dann, »hör jetzt auf und ruhe dich aus«, und das tat ich dann auch. Abends kam Steffi, die Friseuse ist, und ich sagte, »mach mir eine Kurzhaarfrisur«. Ich bin mit ihr rüber gegangen. Sie wohnen nur zwei Minuten von uns weg. Sie schnitt meine schönen, langen, blonden Haare ab. Eine Strähne habe ich behalten. Der kurze Bob stand mir auch gut.

Klaus und ich saßen noch sehr lange auf unserer Terrasse bis abends spät, 23.00 Uhr. Wir gingen dann schlafen. Sonntag morgens machte er wie immer für jeden Schinken mit zwei Spiegeleiern und Kaffee. Nach dem Kaffee putzte ich die oberen Zimmer. Also Bad, Schlafzimmer und zwei Kinderzimmer. Eins hatte Klaus sich schön zurecht gemacht. Das ist auch das Gästezimmer. Ein helles Sofa, ein Sessel, ein kleiner Glastisch und eine Anbauwand. Mein Zimmer war richtig nostalgisch eingerichtet. Wunderschönes Blumensofa und Anrichte, Fernsehschrank und toller Tisch. Die Möbel waren richtig teuer.

So, dann kam meine Freundin Monika und Günther, ihr Mann. Ich habe Cappuccino gekocht und wir unterhielten uns über meine Krebserkrankung. Als sie wieder fuhren habe ich Mittag zubereitet. Kotelett, Kartoffeln, Soße, Erbsengemüse und Pudding. Ich habe zum Nachmittag Erdbeerkuchen und Bananenkuchen gemacht. Dann legte ich mich hin. Ein Anruf von meinem Bruder Klausi, der mir gute Besserung wünschte. Ich wollte meine Tante anrufen, hatte aber nicht die richtige Nummer. Deshalb rief ich meinen Cousin an. Er sagte, »so eine Scheiße«.

»Naja«, sagte ich, »da muss ich durch.«

Dann kam Andi. Er wollte, dass sein Papa ihm bei seinem kleinen Moped hilft. Wir lagen draußen auf unserer Terrasse. Es kam meine Freundin und Nachbarin Iris. Jana, auch meine Freundin, rief an. Sie würde wahrscheinlich Freitag kommen. Ich habe meine Freundin auch angerufen. Sandra wollte Mittwoch mit mir ins Krankenhaus zum ambulanten Gespräch kommen. Wie es genau weiter geht. Denn die Ärztin meinte, »nehmen Sie sich wen mit«.

Meine Freundin Sandra hat alle ihre Termine abgesagt und ihre drei Kinder brachte sie zu ihrer Mutter. Ich war sehr froh, dass sie mitkommt. Ich hatte uns heute bei meinem griechischen Restaurant Essen für uns bestellt. Auf einmal habe ich Bauchschmerzen bekommen. Mein Körper war es nicht mehr gewohnt so viel zu essen. Ich habe ein Buscopan-Zäpfchen genommen. Dann ging es wieder. Ich habe auch noch Wäsche gebügelt.

Jetzt schau ich einen Krimi. Heute ist Montag und ich bin aufgestanden und habe mich zurecht gemacht. Meine kurzen Haare gewaschen. Klaus ist schon zur Arbeit gefahren. Er ist Gas-Wasserinstallateur in Peine. Seit 1990 arbeitet er bei der Firma Wedel. Er ist dort sehr zufrieden. Früher war ich beim Senior und jetzt beim Junior. Naja, und ich habe dann Gyros, den Rest vom Vortag, gegessen. Dann habe ich den Vasenschrank in der Küche ausgewaschen. Jetzt habe ich mich in Klaus' Zimmer hingelegt. Es kam ein Anruf von Schwester Heike N., stellvertretende Stationsleitung. Wir telefonierten 45 Minuten. Sie wünschte mir alles Gute und sie komme wahrscheinlich nächste Woche vorbei.

Ich habe mich draußen etwas hingelegt, da haben die

Spatzen in unserem Vogelhaus laut gepiepst. Klaus sagte, wenn sie ausgeflogen sind, dann baut er das Häuschen nach vorn zur anderen Seite. Jetzt wieder ein Anruf von Kerstin, einer Arbeitskollegin und auch Freundin. Sie erzählte mir, dass sie geweint hatte, als sie erfahren hatte, dass ich Brustkrebs habe. Ich bat sie von ihrem Urlaub von Florida zu erzählen. Sie sagte, dass sie Alligatoren gesehen habe und auch Delfine, und mit ihnen geschwommen ist. Es war ein super Urlaub. Sie hatte für unsere Julia auch schöne durchtrainierte Männer gesehen. Da lachte ich.

Julia rief auch an und wollte hören was ich so mache. Ich bin immer froh, wenn Julia sich meldet. Kerstin, Martina und Julia wollen mich auch mal besuchen. Ich muss mal sehen, wann die beste Zeit dafür ist. Abends rief auch Klaus' Schwester Margit an. Sie war überrascht, dass ich so gut drauf war. Ich habe auch meine andere Schwägerin Heidi angerufen. Sie sagte, wie schrecklich das ist, dass es mich getroffen hat. Ich versuchte auch ganz locker zu wirken. Im Inneren habe ich auch Angst vor der Chemotherapie und Bestrahlung.

Am nächsten Morgen nach der Dusche habe ich wie immer aufgeräumt und bin mit meinem Auto nach Hohenhameln gefahren. Ich musste zur Bank und zu Heffke, das ist ein Papierladen. Da habe ich eine schöne Karte für Frau Schwartze gekauft, wo drauf stand: Das Leben ist wundervoll. Ich habe ihr einen Engel und Schokolade gekauft. Ach ja, unser Auto, Klaus' Auto ist wieder heile. Eine Rechnung würden wir noch bekommen. Ich habe Essen gekocht. Kartoffeln, Mettklops und Mischgemüse. Für mich habe ich 100 gr. Rindermett mitgebracht mit Eigelb, Salz, Pfeffer und Frühlingszwiebeln zurecht gemacht und auf dem frischen Brot gegessen. Ich werde mich gleich etwas hinlegen. Heute holte Steffi mich ab zum Friseur wegen einer Perücke. Steffi war pünktlich. Wir fahren nach Peine.

Die Friseuse zeigt mir verschiedene Zeitungen, wo wir mehrere Perücken raussuchten, kurze blonde Haare. Es waren keine Echthaarperücken und sie kosteten ca. 300 Euro oder auch etwas weniger. Sie gab mir den Rat, auf das Rezept Langzeittherapie schreiben zu lassen. Steffi macht mir einen Latte macchiato und ich bekam einen neuen Termin für Freitag.

Die Friseuse gab mir den Rat, wenn die Haare von der Chemotherapie ausfallen, mir den Kopf zu rasieren.

Wir fuhren wieder nach Hause. Im Briefkasten war ein Brief von Uta, eine Schwester von meiner Station. Sie hatte ihn total liebevoll geschrieben und mich zur Hochzeit ihrer Tochter eingeladen.

Am nächsten Morgen bin ich wieder um 8.00 Uhr aufgestanden und machte mich zurecht. Dann bin ich nach Hohenhameln ins Dorf gefahren. Ich war bei der Bank und auch bei NKD, einem Geschäft, wo man Anziehsachen kaufen kann. Ich habe mir ein paar Schlüpfer gekauft. Als ich aus dem Laden kam, habe ich meinen Vater getroffen und Monika, meine Freundin. Sie hat in ihrem Vorgarten gearbeitet. Mein Vater bat mich, bei ihm vorbeizukommen, da Rosa mit ihrem Inhalator nicht zurecht kam. Das tat ich dann auch. Ich fuhr wieder zurück nach Bierbergen und legte mich etwas hin.

Dann kam Sandra. Wir sind nach Hildesheim zum Krankenhaus gefahren. Wir haben im Parkhaus geparkt. Dann gingen wir zur Aufnahme und anschließend zur Station 0, Brustambulanz. Wir wurden aufgerufen von Fr. Dr. Junke und einer Brustschwester. Ich habe meine Fragen gestellt. Aber die Ärztin konnte mir nicht alle beantworten. Sie gab mir Termine und Briefe für die Strahlentherapie am 30.05.2011, für die Chemotherapie am 01.06.2011, für meinen Hausarzt und einen Brief für mich. Wir fuhren nach Hohenhameln.

Es hatte eine neue Eisdiele aufgemacht und wir gingen hin. Sandra nahm ein Spaghettieis und ich einen Erdbeerbecher. Als wir zu Hause waren, haben wir Klaus alles erzählt. Abends rief Regina an. Am nächsten Morgen rief ich bei Dr. Uhu an, denn meine Krankmeldung musste verlängert werden. Ich habe auch gefragt wegen meiner Perücke. Ob ich den Termin am Freitag wahrnehmen kann. Sie sagte mir ich sollte noch warten, weil ich in die Plan-B-Studie reinkomme. Ich habe gefragt, was Plan B heißt, und sie sagte mir, es sei eine Studie in Amerika, wo mein Fall hinkommt. Ich fuhr erst zum Hausarzt, der mir eine Überweisung ausstellte. Ich sollte auch erst 10 Euro bezahlen, dann aber doch nicht, sondern eine Bescheinigung von Dr. Uhu dass ich das schon bezahlt hatte. Ich musste mich beeilen und fuhr schnell nach Hildesheim. Leider parkte ich wo Streifen waren, 20 Euro Strafe. Pech. Ich hatte um 10.00 Uhr einen Termin bei der Stellvertretung, Frau Winkler, und erzählte von meiner Krankheit. Sie sah mich an, etwas mitleidig, aber war sehr nett. Anschließend bin ich zum Prof. Rater, dem Klinikchef von meinem Klinikum. Er hatte Zeit für mich. Ich erzählte von meine, Fall und er riet mir, bei Plan B zu fragen, ob es nur beobachtet werden soll und ob ich etwas bekomme. Was für ein Plan? Das war mein Behandlungswunsch. Ich war froh, dass er mir zuhörte.

Dann ging ich auf meine Station. Regina, Uta, Julia, Martina und Heike N. waren da. Ich habe ihnen auch von Plan B erzählt. Unsere Stationsärztin, Fr. Dr. Fanda, war auch da, ich meine, sie hatte eine Träne im Auge. Das fand ich rührend. Ich ging zum Auto. Da wartete mein Strafzettel von 20 Euro. Ich fuhr nach Hause. Steffi kam vorbei und mein Bruder Klausi kam mit dem Fahrrad. Er hatte auch einen Rosenstrauß und einen Teddy mitgebracht. Meine Freundin Jana hat angerufen. Sie wollte morgen Vormittag kommen. Ich erfuhr sehr viel Lebensfreude durch meine Freunde. Ich hörte genauer hin, wenn jemand was sagt.

Dann ein Anruf, Steffi, unser Hund Benny war über den Zaun hinter einer Katze hergelaufen und weg war er.

Ich habe einen Badegürtel, Handy und Schlüssel mitgenommen. Wir suchten den Hund. Sie ist mit dem Auto herumgefahren. Ich stieg auch ein. Beim Nachbarn haben wir ihn gefunden.

Ich habe für Klaus gekocht. Gulasch, Mischgemüse und Kartoffeln. Jetzt wollte ich noch meiner Oberin Schaper, Chefin vom DRK Hannover, da sie telefonisch nicht erreichbar war, einen Brief schreiben.

So, schon wieder ein neuer Tag. Ich habe das Haus geputzt und alles gewischt. Bin dann zum Bäcker gefahren und habe Kuchen gekauft. Jana, meine Freundin, kam. Ich freute mich riesig. Der Kaffeetisch war gedeckt. Sie hat mir einen großen Pralinenkasten gebracht und drei Hühner aus Holz zur Dekoration. Wir redeten über alles. Klaus kam von der Arbeit. Er trank mit uns Kaffee. Wir haben uns, als sie weg war, etwas hingelegt und sind dann nach Kaufland und Aldi nach Peine gefahren. Auch noch nach Praktiker. Da haben wir 20 Meter Zaun gekauft und einen Bund Holz. Damit der Hund Benny nicht mehr abhaute. Den Zaun wollten sie morgen fertig stellen.

Wieder ein neuer Morgen. Ich habe etwas geputzt und gewaschen. Mittagsschlaf haben wir auch gemacht. Zu Mittag gab es Stampfkartoffeln mit Buttermilch und Schinkenwürfel. Klaus isst das sehr gern. Wir sind dann mit Andreas' Hund Benny spazieren gegangen. Ich habe gemerkt, dass ich doch etwas geschwächt war. Die Brust hatte ein großes Hämatom, wo es oberhalb immer mehr gerötet war. Ich nahm mir aus dem Gefrierfach ein Kühlpack. Ich hatte auch so ein Ziehen und etwas Schmerzen. Ich nahm eine Tablette Voltaren und Pantozol ein. Ich bekam auch etwas Angst, dass ich wieder ins Krankenhaus musste. Ich habe Fernsehen geguckt. Am Sonntag morgen bat ich Klaus, mir nur ein Spiegelei mit Schinken und Brot zu machen. Ich hatte keinen Hunger. Die Brust war noch rot. Ich nahm mir ein Kühlpack. Wir wollten heute eigentlich nach Salzgitter fahren. Dort war heute ein Kinderfest und es spielten mehrere Gruppen, super Musik. Aber ich sagte ihm, dass ich noch zu schwach sei.

Heute ist Montag früh um 8.00 Uhr und ich bin aufgestanden. Klaus holt uns Brötchen. Wir frühstücken Lachs, Ei, Honig, Bratwurst. Wir fahren nach Hildesheim, um meine Krankmeldung von Dr. Uhu abzuholen. Klaus parkt am Bahnhof. Ich gehe hoch und erzähle einer Arzthelferin dass ich wegen einer Verlängerung da bin.

Sie sagte, »setzen Sie sich in die Besucherecke«. Es war 10.00 Uhr und wurde immer später. Nach 20 Minuten bin ich nochmals hingegangen, weil ich um 11.00 Uhr einen Termin in der Strahlenabteilung hatte. Dann kam sie endlich. Klaus kam auch schon hoch. Jetzt fuhren wir ins Ärztehaus beim Krankenhaus. Ich meldete mich in der Anmeldung. Sie machte ein Passfoto von mir. Wir wurden aufgerufen von Dr. Bremm, Fr. Dr. Junke sei im Urlaub. Ich fragte ihn, wie es weitergehen sollte. »Erst Chemotherapie und dann Bestrahlung«, sagte er. »28 Bestrahlungen, 8 davon zusätzlich. Jeden Tag in der Woche, außer am Wochenende.« Ich fragte nach den Nebenwirkungen.

»Sonnenbrand, Spannungsgefühl, oberflächliche Wunden, Schwellung der Brust, strammer, fester. 20 Sekunden Strahlzeit insgesamt 5 Minuten.« Ein CT, also Computertomographie soll vorher sein. Transportschein von der Krankenkasse anfordern. Der Doktor war sehr ruhig und erklärte sehr gut. Wir fuhren nach Hohenhameln, Kuchen und Spaghetti holen. Als wir Mittag Spaghetti Bolognese gegessen haben, legte ich mich dann etwas hin. Steffi kam dann mit Benny, und Klaus ist mit dem Hund spazieren gegangen bis zum Teich, in den der Benny auf einmal sprang.

Abends sind wir zum Grillen zu Sandra eingeladen gewesen. Sie hatte Geburtstag, es war sehr viel los. Die Kinder hatten Spaß, der große Hund Fritz von Sandra tollte rum. Es war angenehm und eine Abwechslung.

Nun war Dienstag. Wir haben schön gefrühstückt. Ich habe etwas geputzt. Dann ein Anruf von Manuela, eine Arbeitskollegin. Sie meinte, dass Julia, Martina und Kerstin vielleicht heute kommen wollten. Es war unsere Cappuccinozeit. Steffi kam mit Benny vorbei. Es rief meine Schwägerin Tamara an. Sie konnte es kaum fassen. Sie meinte, wenn es ihr passiert, würde sie es nicht schaffen. Dann habe ich einen Kuchen gebacken. Aber meine Kolleginnen sind nicht gekommen. Es rief Kerstin an und da wusste ich, dass sie ein anderes mal kommen wollten. Klaus und ich haben Kaffee getrunken und Kuchen gegessen. Ich habe meine Fragen zur Chemotherapie nochmals abgeschrieben.

Morgen um 11.40 Uhr haben wir einen wichtigen Termin zwecks Chemotherapie. Ich bin doch aufgeregt. Ich sehe fern in der Stube. Klaus ist in seinem Zimmer und sieht auch Fernsehen. Ich mache mir schon sehr Gedanken, hoffentlich läuft es so wie ich es mir vorstelle.

Am nächsten Morgen haben wir gefrühstückt und sind gegen 11.00 Uhr nach Hildesheim zu Dr. Uhu Junior, dem Sohn meines Frauenarztes, gefahren. Dr Uhu hat sich darauf spezialisiert, als Gynäkologe Chemotherapien durchzuführen. Wir warteten ungefähr eine Stunde. Wir wurden ins Untersuchungszimmer gebracht. Da kam der Juniorarzt. Er untersuchte erst die Brust, meinte, es sieht gut aus, das Geschwollene geht wieder weg. Er erklärte uns, dass es entweder Chemotherapie nach Standard gibt oder die neue

Studie Plan B. Bei der Studie werden meine Werte in die USA geschickt und nach ca. 10 Tagen bekomme ich Bescheid, welche Chemo ich erhalte. Die Chance keine Chemotherapie zu bekommen ist sehr gering. Ich habe mir die vielen Zettel durchgelesen. Da bekommt man Angst, was man alles bekommen kann. Zum Schluss steht auch noch, sie kann zum Tode führen, Leukämie oder eine Herzmuskelentzündung auslösen. Es würde mir aber nichts anderes übrig bleiben, ich musste die Chemotherapien machen lassen. Ich musste erst einmal alles verdauen.

So, heute ist Donnerstag, Herrentag, da habe ich Klaus eine kleine Flasche Wodka und Pralinen geschenkt, toll eingewickelt. Draußen auf der Terrasse steht eine Blume mit drei Schnapsfläschchen. Klaus sagt, »das war bestimmt unser Nachbar Axel«. Ich sage, »ist bestimmt von unserem Sohn Andi«, was auch so war.

Abends kamen Günther und Monika, Steffi und Andi zum Grillen. Ich habe Kartoffelsalat und Nudelsalat gemacht. Wir haben uns nett unterhalten. Monika und Günther haben ein Grundstück mit Wohnwagen in Soltau auf einen Campingplatz, wohin sie uns eingeladen haben. Es ist wieder ein neuer Tag, Freitag. Wir sind heute zu unserer Krankenkasse gefahren. Die Angestellte war sehr nett und hat versucht, einen Termin zur Besprechung meines Falles zu organisieren. Anschließend sind wir zum Frisör zwecks meiner Perücke. Von vier Modellen hat mir eine Perücke gefallen. Frau Heyer hat sie mir zurückgelegt.

So war schon wieder Samstag und wir wollten zu Monika nach Soltau zum Campingplatz übers Wochenende fahren. Ich bereitete Nudelsalat vor und eine Pfirsichbowle. Wir fahren schon um 10.30 Uhr los. Wir wollten noch nach Hannover Altwarmbüchen fahren. Wir sind ungefähr um 15.00 Uhr genau zum Kaffee angekommen. Monika hat schon schön den Tisch geschmückt. Sie hatte auch Kuchen.

Wir sind danach etwas spazieren gegangen. Da ist auch Wald und ein See. Monika kam die Idee, ihren alten Stuhl mit Moos zu verzieren. Das haben wir auch gemacht. Sie hat Moos geholt und wir haben ihn mit Draht befestigt. Sah sehr gut aus. Abends haben wir gegrillt. Es war ein schöner Abend. Nur wenn man zur Toilette gehen wollte, musste man schon ca. 200 Meter gehen. Es erinnerte mich ans Ferienlager, wie früher. Wir haben im Wohnwagen geschlafen.

Am nächsten Morgen hat Günther schon früh Brötchen geholt und Eier gekocht. Nach dem Frühstück sind wir nach Hause gefahren. Als wir angekommen waren, habe ich uns einen Cappuccino gekocht und Mittag vorbereitet. Andi hat den Hund Benny gebracht. Wir haben abends Andis neue Hollywoodschaukel angeschaut, super. Sandra hat auch angerufen sowie Barbara, Regina, Kerstin und Julia. Ich muss sagen, es denken wirklich viele an einen und fühlen mit.

Am Montag Morgen hatte ich schon wieder einen Termin wegen meiner Studie. Gegen 9.30 Uhr bin schon zeitig losgefahren wegen Parkplatzschwierigkeiten in Hildesheim am Bahnhof. Da ich so früh da war, habe ich mich ins Café gesetzt und einen Kaffee getrunken. Ich bin zu Dr. Uhu Junior gegangen. Eine Frau Maler, die die Studie betreut, rief mich zu sich. Ich gab ihr meine Zusage. Sie kopierte meine Unterlagen für sich und sagte mir, in ca. drei Wochen kommt eine etwas abgeänderte Studie raus, wo drin steht, dass die Haare nach Ausfall in drei Fällen nicht wiederkamen. Das wäre für mich fürchterlich. Ich bin nicht noch extra zum Doktor reingegangen, weil ich keine weiteren Fragen hatte. Ich ging in die Stadt, um für Andis Geburtstag ein T-Shirt zu kaufen. Es war anstrengend, der Weg war ganz schön weit und ich war total kaputt. Die Brust und der Arm taten mir doch noch weh. Das war zu viel. Ich fuhr dann nach Hause.

Am nächsten Morgen konnte ich nicht mehr einschlafen. Ich stehe ja immer noch mit Klaus um 6.00 Uhr auf. Mache seine Schnitten für die Arbeit und koche Tee. Dann lege ich mich wieder hin. Aber heute konnte ich nicht mehr schlafen. Ich bin aufgestanden und habe Brötchen geholt und bin zur Nachbarin Iris gegangen. Wir haben schön gefrühstückt. Sie hat mir von dem Konzert von Herbert Grönemeyer erzählt. Sie war total begeistert. Ich bin dann zum Einkauf gefahren. Habe Schweinenacken gekauft und habe einen Braten gemacht und Erbsengemüse. Klaus und Andis Lieblingsessen. Jana hatte angerufen und gefragt, warum alles so lange dauert. Ich erklärte ihr, dass ich jetzt in der Studie bin und noch 14 Tage auf das Ergebnis warten muss. Meine Chefin der Station, Beate, hatte auch angerufen, aber mich nicht erreicht. Wieder war Abwarten angesagt. Ich habe Post von meiner Krankenkasse bekommen, wo ich am Donnerstag einen Termin habe.

Heute wieder ein neuer Tag. Ich habe alle Räume in unserem Haus geputzt. Dann bin ich einkaufen gefahren, habe Erdbeeren am Stand gekauft und war beim Fleischer, da morgen meine netten Arbeitskolleginnen kommen. Anschließend war ich noch bei der Bank und habe Geld aufs Sparbuch gebracht. Als ich zu Hause war, hat meine Stationsschwester angerufen. Sie hat mir Mut gemacht. Ich war ihr sehr dankbar für ihren netten Anruf. Klaus kam und ich habe ihm Mettklöße mit Spiegeleiern gemacht. Wir haben dann Fernsehen geguckt. Barbara, meine Freundin, hat auch angerufen. Sie kommt auch morgen vorbei. Ich habe einen Obstboden mit Erdbeeren gemacht.

Ich mache morgen auch Schnittchen. Den Kaffeetisch habe ich auch schon gedeckt. Jetzt habe ich eine Zeitschrift gelesen. »Wenn Brustkrebs die Seele quält«. Was wird aus meiner Familie? Was sagen Studien? Welche Patienten brauchen Hilfe? Umso mehr man liest, desto mehr befasst sich der Kopf mit dem Brustkrebs. Ich weiß nicht, ob es gut ist, wenn man sich zu sehr mit dem Thema Brustkrebs befasst. Im allgemein steht erst eine OP an, wenn der Tumor klein ist, dann Chemotherapie, Bestrahlung und Hormontherapie. Man muss sehen, wem man erzählt, dass man Brustkrebs hat. Ich nehme an der Studie teil, muss 10 Tage abwarten. Ich werde sehen, was auf mich drauf zukommt. Wieder mal abwarten, Abwarten, Abwarten.

Am nächsten Morgen habe ich Schnittchen vorbereitet. Den Obstboden mit Erdbeeren habe ich gestern vorbereitet, Sahne geschlagen. Dann kamen Julia, Kerstin und Martina. Sie haben einen schönen Strauß Blumen von allen Kolleginnen gebracht. Und einen großen weißen Teddy zum Kuscheln von den dreien, super, ich habe mich riesig gefreut. Wir tranken Kaffee. Dann klingelte es und meine Freundin Barbara aus Wernigerode kam auch mit Blumen. Wir sprachen auch über meine Krankheit, dass ich jetzt in der Studie bin und warten muss. Ob Chemotherapie und wenn ja, welche. Julia und Martina machen mal wieder Diät und haben wenig gegessen. Ich habe aus meinem Buch vorgelesen, bis es sehr traurig wurde, da liefen mir ein paar Tränen und ich hörte auf zu lesen. Ich habe mich riesig gefreut dass sie da waren. Unser Sohn Andreas hatte heute Geburtstag, er war 28 Jahre. Er hat von uns Geld bekommen und einen Liegestuhl, den habe ich mit Ballons verschönert. Ich habe ihm einen Korb schön zurecht gemacht mit Bier, Schnaps, Süßem, Spray und vielem mehr. Ein T-Shirt auch. Eine Kerze angezündet und dann gegen 18.00 Uhr kam er. Ich habe Sekt eingeschenkt und wir haben für ihn gesungen.

Ansonsten sind wir zu meinem Lieblingsgriechen nach Hohenhameln Akropolis gefahren. Haben toll gegessen. Er hatte ansonsten seinen Geburtstag abgesagt, wegen mir, denke ich. Unser Sohn ist für mich und Klaus das Wichtigste. Er arbeitet als Dachdecker in dem Ort Clauen. Er hat einen guten Chef. Bald wird er Papa werden und seine Steffi heiraten. Ich habe Steffi auch in mein Herz geschlossen und freue mich, wenn ich im September Oma werde.

Heute war Samstag und wir wollten nach Thale fahren. Aber es regnete .Als Klaus Brötchen holen wollte mit dem Hund Benny, fing es an in Strömen zu regnen. Beide waren pitschnass. Ich habe nach dem Frühstück einen Kuchen gebacken und Bohnensuppe für Mittag gekocht sowie einen Braten vorbereitet für Pfingstmontag. Klaus hat die Post reingeholt und meine Oberin Sabine Schipp hat mir einen netten Brief geschrieben und ein kleines Buch, »Gute Besserung«, geschickt. Dass mir die Generaloberin Fr. Schipp einen netten Brief geschrieben hat, da habe ich mich riesig gefreut.

Jetzt war schon wieder Kaffeezeit und wir warteten auf Steffi und Andi. Sie sind etwas später gekommen. Wir haben fürs Baby schon das neue Reisebett aufgebaut bei mir im Zimmer. Es sieht gelb/blau aus. Naja, der Abend ging schnell herum.

Am Sonntag Morgen hat mein Schatz Frühstück vorbereitet, Spiegeleier mit Schinken. Wir sind nach Thale gefahren und haben den Hund Benny mitgenommen. Eine gute Stunde Autofahrt. Auf dem Hexentanzplatz angekommen. 5 Euro Parkgebühr, ganz schön teuer. Benny war total aufgeregt. Ich habe ihm erst mal eine Schale mit Wasser gegeben. Er war etwas durcheinander, so viele Menschen, Gerüche und fremde Hunde. Er war wie aus dem Häuschen. Ich wollte ein Foto machen, da ist der Hund fast runter gefallen vom Berg. Wir sind spazieren gegangen durch den Wald. Anschließend haben wir auf dem Hexentanzplatz Würstchen gegessen. Es hat lecker geschmeckt. Wir wollten dann zum Bergtheater gehen. Aber die Vorstellung war schon vorbei. Wir wollten nach Falkenburg, aber das waren 64 km, zu weit. Wir sind nach Wernigerode gefahren zu meiner Freundin Barbara und sind in ihren Garten gegangen, aber sie waren nicht da. Deswegen sind wir ins Café gefahren, ins Baumkuchenhaus in Wernigerode. Wir sind dann wieder nach Hause gefahren. Der Hund war ganz lieb.

Zu Hause angekommen kam unsere Nachbarin und Freundin Iris und brachte uns Wurst und Kuchen, super. Ich habe zum Abendbrot Bratkartoffeln gemacht, lecker.

Jetzt schaue ich im Wohnzimmer Fernsehen mit dem Hund Benny. Er ist kaputt. Klaus sieht oben in seinem Zimmer fern. Meine Gedanken waren heute des öfteren, was wenn ich Chemotherapie bekomme, schaffe ich es. Ja, ich schaffe es, weil ich leben möchte.

Heute wieder ein neuer Tag, es war Pfingstmontag. Ich habe Frühstück zubereitet. Da wir keine Brötchen hatten, gab es heute noch einmal Spiegeleier mit Schinken. Ich habe mich gewaschen und meine Brust gepudert. Sie ist immer noch etwas hart. Dann habe ich meine Übungen gemacht wegen dem Lymphknotenödem. Ich bekam den Arm noch nicht ganz hoch und etwas taub war er auch noch. Ich habe mal wieder das ganze Haus gewischt und geputzt. Zu Mittag gab es Schweinebraten, Kartoffeln und Erbsen. Nach dem Essen haben wir uns etwas hingelegt. Wir haben Mittagsschlaf gemacht. Das tut uns beiden gut. Ich habe Zeitungen »der Frau« angesehen. Da war ein Beitrag über eine Melanie W., 43 Jahre alt, erkrankte an Brustkrebs. Sie hatte eine spezielle Chemotherapie RTC. Die Kosten ab 4500 Euro übernimmt die gesetzliche Kasse manchmal. Der Beitrag ließ mir keine Ruhe, deshalb bin ich zu Steffi gegangen und habe im Internet unter krebsgemeinschaft.de nachgesehen. Oft wird es von den privaten Krankenkassen übernommen. Und man muss in die Klinik.

Ich habe mich gewundert, dass mein Doktor mir über diese Art Chemotherapie, RTC, nichts gesagt hat. Steffi und ich schauen auch bezüglich Erfahrungen anderer Frauen nach. Da gab es 1994 eine, die beide Brüste verloren und auch Chemotherapie erhalten hat. Das war vor sieben Jahren. Heutzutage operiert man meistens brusterhaltend, wenn es machbar ist.

Wir wollten gleich noch mit dem Hund Benny spazieren gehen. Heute morgen regnete es sehr stark. Ich fuhr nach Peine zu Praktiker eine Rolle Zaun umtauschen. Davon hatten wir zu viel gekauft. Dann versuchte ich einen Parkplatz zu finden. Es war schwierig. Da bin ich nach Peine Horst gefahren. Beim Marktkauf bekomme ich immer kostenlos ein Parkplatz. Ich wollte beim Marktkauf zur Toilette. Da war ein teurer Babyladen, wo alles 50% billiger war. Ich bin reingegangen und habe ganz tolle Sachen gefunden. Babydecke, Bezug für Kinderwagen, Mütze, Babyschlafsack, Babypuppe und Schnuller. Super, da habe ich 60 Euro für alles bezahlt. Eine Frau vor mir hat 350 Euro für Anziehsachen ausgegeben. Die Sachen habe ich gleich zum Auto gebracht. Wieder bin ich in die Stadt gegangen. Beim Depo Laden habe ich Dekorationssachen gekauft. Auf einmal, als ich rauskam, traf ich eine sehr gute Freundin, Angela. Wir hatten längere Zeit keinen Kontakt mehr gehabt. Wir sind Cappuccino trinken gegangen und anschließend noch einen Latte macchiato. Wir redeten über eine Stunde. Ich habe drei Schultüten gekauft und auch was man rein tun kann für meine Freundin Sandra, für ihre drei Kinder zur Einschulung. Mein Patenkind Lilli kommt zur Schule.

Ich fuhr wieder nach Hause und freute mich über die Sachen, die ich gekauft hatte. Für Klaus eine Seerose, damit die fünf Goldfische nicht so allein sind. Sah echt gut aus. Ach, als ich auch noch bei Douglas war und einen wasserfesten Augenbraunstift kaufen wollte, fragte mich die Verkäuferin, warum wasserfest. Sie war sehr nett. Ich erzählte ihr von meiner Krankheit. Sie fragte mich, »darf ich nach Ihrem Alter fragen«.

»Ja«, sagte ich, »47 Jahre.«

Sie meinte, »noch so jung und so krank ...«

Ihre Visitenkarte gab sie mir und meinte, ich sollte zu ihr kommen, wenn es soweit ist, wegen Tipps zum Schminken.

Am nächsten Morgen bin ich mit Steffi nach Hildesheim gefahren, weil wir Babysachen kaufen wollten. Wir sind ins Parkhaus gefahren. Als Steffi die Schräge hochfuhr, parkte ein anderes Auto aus und wir mussten auf der Schräge ganz steil anhalten. Steffi fragt mich, »was soll ich tun?«

Ich sagte: »Gib Gas.« Denn hinter uns war auch noch ein Auto. Das wäre fast schief gegangen. Wir waren in mehreren Kaufhäusern und haben auch Sachen gefunden, wollten aber auch wärmere Sachen kaufen. Aber die gab es nicht. Wir sind dann ein Eis beim Italiener essen gewesen. Die Stunden gingen schnell vorbei. Es war ein schöner Tag. Als wir zu Hause ankamen, hat meine Nachbarin Ines angerufen und gesagt, dass sie auf einen Cappuccino vorbeikommt. Wir redeten auch über meinen Sportverein. Ich gab ihr für meine Trainerin Gabi einen Brief mit, wo drin stand, dass ich erkrankt bin und noch einmal eine Pause beim Sport einlegen müsse. Vorher war ich auch mal krank und hatte eine Entzündung der Sehnen am Fuß, was wieder okay war.

Am nächsten Morgen, es war Donnerstag, fuhr ich zum Markt und hatte beim Fleischer Wurst gekauft für unser Frühstück am Freitag in Hohenhameln, das sind 4 km von Bierbergen. Ich fuhr um ca. 12.15 Uhr nach Peine zur Krankenkasse, wo ich einen Termin hatte. Ich musste dort einen Antrag für Krankengeld stellen. Da war eine nette

Frau, der ich auch noch ein paar Fragen stellen konnte wegen des Schwerbehindertenausweises. Ich muss alle 14 Tage einen Schein vom Doktor ausfüllen lassen, damit ich Krankengeld bekomme. Sehr umständlich, wenn ich überlege, dass ich vielleicht alle 14 Tage deswegen nach Hildesheim fahren muss, ca. 45 km Hin- und Rückfahrt. Da muss man sich was Besseres einfallen lassen. Abends hatten wir einen Termin bei der Bank um 17.30 Uhr wegen unserer Hausratversicherung. Wir zahlen jetzt 18 Euro mehr. Wir sind Punkt für Punkt die Versicherungsvorteile durchgegangen. Da sagt der Bankangestellte: »Ein Erdgeschoss.«

Wir sagten: »Nein, zwei Etagen.«

Da hatte der von der Bank einen Fehler gemacht vor fünf Jahren. Wenn was passiert wäre, wer hätte uns das bezahlt? Nur die erste Etage war versichert.

Am nächsten Tag, Freitag, kam Jana mit ihrem Hund Gersie zum Frühstück. Ich sah aus dem Küchenfenster, der Hund war größer, als ich dachte. Er sah aus wie ein Kampfhund. Sie holte eine Rampe raus, worüber der Hund lief. Wir begrüßten uns, der Hund beschnupperte mich. Wir frühstückten nett zusammen. Der Hund war wirklich ein ganz lieber. Sie hatte eine Hundedecke und Spielzeug für ihn mitgebracht. Außerdem einen Korb voller Kerzen, eine Flasche Sekt und einen Blumentopf, so viel, alles für mich.

Als sie wieder gefahren war, machte ich Mittagessen, Eierkuchen mit Apfelmus. Danach haben wir Mittagsschlaf gemacht. Anschließend haben wir Cappuccino getrunken und sind Einkaufen gefahren nach Hildesheim Kaufland.

Die Zeit lief sehr schnell, ich war jetzt schon sechs Wochen zu Hause. Schon wieder Wochenende. Klaus wollte heute die Hecke schneiden und plötzlich rief er mich. »Rita, komm mal, mich hat eine Wespe am Auge gestochen.« Ich sagte: »Sofort kühlen.«

Klaus und meine Familie nennen mich alle Rita. Er kühlte erst mal sein Auge, aber es wurde trotzdem etwas dicker. Er machte dann seine Hecke und mähte den Rasen. Ich habe lecker Mittag gekocht, für Klaus Hähnchen und für mich Leber. Einen Rührkuchen habe ich auch schon gebacken. Am Sonntag regnete es die ganze Zeit und der Hund Benny hatte auch Angst vor dem Gewitter. Am Nachmittag waren Andi und Steffi zum Kaffee da. Schon wieder ein Tag rum. Montag morgen um 9.00 Uhr habe ich bei Frau Maler, die die Studie unterstützt, angerufen und gefragt, ob sie ein Ergebnis hat. Sie sagte nein. Ich musste trotzdem nach Hildesheim, um den Zettel fürs Krankengeld ausfüllen zu lassen. Anschließend war ich noch in der Stadt und habe einen Teddy gekauft, der war total niedlich. Er schnarcht und singt ein Schlaflied. Ich bin auch noch zum Dänischen Bettenlager gefahren. Ich habe mich beraten lassen wegen des Kissens für den Kinderwagen. Es war ganz schön teuer, aber Qualität ist nun mal teuer. Es ist sehr leicht für ca. 60 Euro. Ich habe mir am Hähnchenwagen ein halbes Hähnchen gekauft. Als ich zu Hause war, bin ich zu Steffi gegangen. Sie sollte nochmals im Computer gucken wegen dem Schwerbehindertenausweis, den ich doch erst mal beantrage. Und auch wegen anderer Frauen mit der Diagnose Brustkrebs.

Heute ist ein Abend bei dem ich sehr stark grübele, trotz Fernsehen. Ich halte es kaum aus, die Gedanken überschlagen sich. Ich versuche mich abzulenken.

Am nächsten Tag fuhr ich auch noch zu meinem Zahnarzt, weil ich den Stempel brauchte. Was gut war, er nahm mich gleich dran und hielt mir dann eine Predigt, dass ich meine Zähne noch mehr putzen sollte. Das wollte ich eigentlich nicht hören. Am Montag war das Ergebnis noch nicht da. Wieder abwarten. Am Dienstag früh um 8.00 Uhr der Anruf, das Ergebnis ist da, 17 Punkte. Bis 11 Punkte hätte ich keine Chemotherapie gebraucht. Sie sagte ich würde in die Radomisierung kommen und in einer Stunde würde ich Bescheid bekommen.

Die Zeit war vorbei. Es war 9.00 Uhr, 10.00 Uhr und sie meldete sich nicht. Ich rief um 10.00 Uhr an und sie sagte mir, die Computer seien abgestürzt. Sie sagte mir dann, ich würde in die Standardtherapie B Chemotherapie kommen. Die neue Chemotherapie TC bekomme ich nicht. Es hätte zwar weniger Nebenwirkungen, aber bei drei Frauen seien die Haare nicht wiedergekommen. Ich soll die erste Chemotherapie über die Vene erhalten, weil der Porttermin im Krankenhaus erst am 8. Juli wäre. Ich sagte ihr, dass ich das nicht möchte und selbst einen Termin in meinem Krankenhaus-Klinikum machen würde, was ich auch tat. Ich musste stationär am Donnerstag hin wegen Anästhesie und chirurgischer Aufklärung. Ich bin früh um 9.00 Uhr hingefahren und gleich auf meine Station 8 gegangen. Ich dachte, sie würden frühstücken, aber es war zu viel zu tun. Ich habe mit Heike Kaffee getrunken, mein Lottogeld bezahlt, und meinen Spind leer geräumt. Dann ging ich zu Frau Scholz. Sie schickte mich in die Aufnahme. Mir wurde Blut abgenommen, ein Abstrich gemacht und ich war anschließend beim Narkosearzt. Er war sehr nett. Ich wartete noch auf die chirurgische Ärztin. Es kam Fr. Dr. Fanda. Sie war auch bei mir auf Station 8 Stationsärztin. Eine gut aussehende sympathische Ärztin. Sie klärte mich gut auf.

Es war dann auch schon 13.00 Uhr und ich fuhr nach Hause. Meine Perücke hatte ich am Mittwoch bei Frau Hey abgeholt. Sie erklärte mir die Pflege. Die Frisöse Frau Hey, auch schon um die 50, war eine Arbeitskollegin von Steffi mit Erfahrung. Am Wochenende kam Klaus' Schwester Margit vorbei. Sie kamen zum Frühstück. Danach wollten wir zur Marienburg fahren. Es war gut, dass sie kamen, Abwechslung. Ich sollte am Montag zur OP an erster Stelle dran und die Portanlage bekommen. Am Mittwoch die erste Chemotherapie. Ich hatte vor der ersten Chemo Angst. Taxi hatte ich schon bestellt aus Ilsede. So, Klaus' Schwester ist wie immer pünktlich, 9.30 Uhr mit ihrem Mann Bernd. Nach dem Frühstück sind wir zur Marienburg gefahren. Auf der Hinfahrt sagte ich zu Klaus, er soll die CD von den Prinzen, dem die Marienburg gehört, einlegen. In dem Moment werden wir geblitzt, ca. 20km/h zu viel. Auf der Marienburg angekommen kauften wir Eintrittskarten und hatten noch etwas Zeit. Es ging dann los und der junge Mann, der die Führung durch das Schloss machte, erklärte sehr gut. Wir fanden das Schloss sehenswert. Anschließend haben wir in dem Schlosskaffee noch was getrunken. Wir fuhren nach Hause und deckten den Tisch. Andi und Steffi kamen, sowie Sabine und Oliver mit dem Baby sind gekommen. Das Baby heißt Ella und ist total niedlich.

Abends sind mein Vati und Rosa zum Grillen gekommen. Es war ein regnerischer Abend. Wir saßen drin und Klaus hat draußen gegrillt. Bernd, Margit, Klaus und ich haben abends Karten gespielt. Klaus hat gewonnen. Am nächsten Morgen haben wir gefrühstückt und danach sind Margit und Bernd wieder nach Hause gefahren. Wir machten heute einen ruhigen Tag. Das Wetter ist am Nachmittag besser geworden.

Es ist Montag und Steffi fährt mich um 6.30 Uhr ins Krankenhaus Klinikum. Ich bin schon um 7.00 Uhr da. Die Schwester zeigt mir mein Zimmer. Ich bekomme mein OP Hemd und ziehe mich um. Ich bin an erster Stelle und werde schon in den OP gefahren. Die Narkoseärztin legt mir ein Braunüle. Dann kommen meine Ärzte, Dr. Finn und Dr. Iden, die mir den Port legen. Damit ich darüber die Chemotherapie bekommen kann. Meine beiden Ärzte sprechen noch mit mir im OP. Es sind meine Stationsärzte, die mich auch operieren. Ich weiß nicht, ob die Narkoseärztin mir etwas gespritzt hat, ich bekomme alles mit.

Auf einmal war etwas Aufregung, es blutete, nach ein paar Minuten hatten sie alles wieder im Griff. Ich war froh, als ich fertig war. Es wurde auch etwas dicker. Sie brachten mich wieder ins Zimmer. Es waren noch zwei andere Frauen im Zimmer. Die Schwester kümmerte sich sehr gut um mich. Dann kam der Narkosearzt und ich konnte nach Hause. Die Chirurgen sagten auch, dass ich gehen kann. Ich habe Steffi angerufen, dass sie mich abholt.

Zu Hause angekommen legte ich mich hin. So, am Mittwoch bekam ich meine erste Chemotherapie. Das Taxi war bestellt. Der Taxifahrer war pünktlich. Als ich ankam, war ich eine halbe Stunde zu früh. Ich setzte mich in die Warteecke. Auf einmal klopfte es an der Glastür, ich öffnete. Da sagte die Schwester, die mich reinließ, »Sie sind hier falsch«. Ich sagte, »nein, ich bin hier richtig. Ich bekomme hier meine erste Chemotherapie«.

Na ja, ich wurde dann in den Raum gebracht, wo ca. sieben Liegesessel waren. Ich suchte mir einen Platz. Die Dame neben mir war ca. 55 Jahre und hatte schon ihre achte Chemotherapie. Sie war sehr nett zu mir. Die Schwester hat mir meinen Blutdruck gemessen und sagte, er sei hoch. Ich war im Inneren sehr aufgeregt. Jetzt kam die erste Infusion mit Cortison. Danach Epirucin und NaCL, danach Cyclophosphamid. Nach ca. vier Stunden war ich fertig. Ein anderer Taxifahrer hat mich abgeholt. Ich hatte den anderen Taxifahrer den Transportschein gegeben, aber der war von der Krankenkasse noch nicht genehmigt. Also musste ich den Schein beim Taxiunternehmen in Peine abholen und zur Krankenkasse bringen. Der muss noch genehmigt werden, aber es dauerte.

Die Nebenwirkungen waren: schlecht geschlafen, matt, Schmerzen im rechten Arm. Ich habe zur Nacht eine Baldriantablette zum Schlafen und eine Voltaren und Pantozol wegen der Armschmerzen genommen.

Am Wochenende regnete es in Strömen. Am Samstag waren wir in Hildesheim einkaufen, aber es war mir alles etwas zu viel. Am Montag morgen rief ich Dr. Uhu an wegen meiner Schmerzen im rechten Arm. Er war nett und sagte, ich sollte gleich vorbeikommen. Ich ging bei Steffi vorbei und sagte, dass ich jetzt nach Hildesheim fahren werde. Im Wartezimmer saß eine Frau Ende 40 und erhielt ihren Tumorpass. Da sprach ich sie an. Sie erzählte mir, dass sie Gebärmutterhalskrebs hatte, keine Chemotherapie bräuchte und nur die Operation ausreichen würde. Naja, ich zweifelte. Dann wurde ich ins Arztzimmer gebracht. Dr. Uhu sah sich meinen Arm an und sagte, Verdacht auf Thrombose. Er rief sofort bei Frau Scholz, Sekretärin von Professor Rater, an. Sie sagte, ich sollte gleich vorbeikommen. Ich fuhr mit dem Auto hin, es war wieder schwierig einen Parkplatz zu bekommen. Ich ging zu Frau Scholz. Sie rief den Oberarzt im OP an, erzählte ihm, dass Schwester Roswitha von Station 8 da wäre und wegen der Portanlage eventuell im rechten Arm eine Thrombose sich gebildet hat. Er kam und machte sofort ein Ultraschall-Bild. Währenddessen öffnete sich die Tür und Fr. Dr. Iden, die mich operiert hatte, trat ein. Der Oberarzt erklärte es wäre nur eine oberflächliche Venenentzündung. Da waren wir alle erleichtert. Ich bin mit unserer Ärztin zur Station gefahren. Da war die Leitung Schwester Beate, Julia, Kerstin und Michi da. Sie freuten sich, mich wohlauf zu sehen. Ich fuhr nach Hause und war kaputt. Am nächsten Tag bekam ich Besuch von meiner Tuppertante Sabine. Sie brachte mir meine bestellte Tupperware. Dann ein Anruf unsere Freunde aus Wernigerode. Sie haben ihre Tochter zum Flughafen gebracht nach Hannover und sind kurz vor Hohenhameln und kommen gleich vorbei. Ich habe Kaffee gekocht und sie kamen. Ich

freute mich. Sie haben sich ein Mercedes- Coupé gekauft.
Am Nachmittag war ich bei Steffi, sie fühlte sich nicht so gut. Am nächsten Tag ist sie zum Arzt gegangen. Er sagte ihr Eisen ist zu niedrig. Es wäre nicht so gut für das Baby. Sie wollten eigentlich am nächsten Tag zur Hochzeit von ihrer Schwester fahren. Es ging nicht, auch die Fahrt war zu lang. Am nächsten Morgen fuhr ich zum Hausarzt, einmal wöchentlich Blutabnahme. Mein Hausarzt sagte mir, dass alles schrecklich sei, was mit mir ist. Ich sagte »ja, aber ich schaffe es«. Anschließend ging ich zu meiner Freundin Monika, die mir ein Frühstück zubereitete. Sie bat mich ihre Haare zu färben. Ich wollte zu Lidl fahre,n um einzukaufen. Da traf ich meine Freundin Angela. Wir fuhren zu ihr nach Hause. Sie kochte uns einen Cappuccino. Sie musste nochmals am Arm operiert werden. Ihre Tochter hatte geheiratet. Wir unterhielten uns nett und sprachen uns aus. Ich mag sie sehr. Als ich nach Hause kam, las ich die Bildzeitung, und die suchten Geschichten aus dem Leben. Ich schrieb ihnen meine, die ja noch lange nicht zu Ende ist. Erst wenn mein Buch beendet ist, dann habe ich es geschafft. Ich schaue jeden Tag in die Bildzeitung, ob meine Geschichte drin ist.

Es ist schon wieder Freitag und gestern Abend tat mir der Hals beim Schlucken weh. Mir ist schon etwas komisch, ich rieche irgendwie nach Chemo. Ich sprühe mich stark ein und reibe den ganzen Körper mit Lotion ein. Der Geruch ist unangenehm. Heute habe ich fürs Wochenende eine Schwarzwälder Kirschtorte vorbereitet. Dann habe ich Geburtstagskarten geschrieben. Eine an meinen Schwager Bernd. Eine an meine Schwägerin Susanne und ihre Tochter Greta. Sie ist total hübsch. Jetzt sitzen wir auf unserer Terrasse und sonnen uns. Steffi hat den Hund Benny vorbeigebracht übers Wochenende. Von der Krankenkasse habe ich Bescheid bekommen. Für die Perücke haben sie 175

Euro überwiesen. Sie hat 255 Euro gekostet, das geht ja. Krankengeld bekomme ich auch ganz gut. Damit habe ich jetzt keine finanziellen Sorgen. Von der Krankenkasse sagte man mir, es würde alle vier Wochen reichen, den Zettel fürs Krankengeld abzugeben. Mein Arm und der Port sind weiterhin rot. Ich rufe bei Dr. Uhu an. Die Schwester, die ich am Telefon habe, bittet mich vorbeizukommen, dass der Doktor sich das anschaut.

Also fuhr ich nach Hildesheim. Da war die Ärztin Fr. Dr. Haft. Sie sagte mir, ich soll den Arm kühlen und einen Salbenverband machen. Meine Laborwerte waren nach der ersten Chemotherapie nicht mehr in Ordnung. Leukozyten waren nur noch 2,6. Normalwerte sind zwischen 4 und 10. Aber die Ärztin meinte es wäre nicht so schlimm. Wir sind heute früh nach Hildesheim gefahren zum Einkaufen. Ich habe mir vorher noch meine Haare gewaschen und da waren schon welche ausgefallen. Es ist schrecklich. Jetzt sind fast drei Wochen rum und die Haare fallen jetzt wirklich aus. Ich habe mir auch noch eine neue Mütze gekauft. Vor dem Ausfallen der Haare habe ich auch richtig Angst. Aber es kommt. Ich kann es nicht aufhalten. Klaus und ich waren mit dem Hund spazieren, da sagte ich zu ihm, »liebst du mich auch ohne Haare?« Das wollte er nicht hören. Ich ließ ihn dann auch in Ruhe.

Auch gestern Abend waren wir bei Andi und Steffi zum Grillen und anschließend haben wir Rommékarten gespielt. Ich habe eine Rechnung von ca. 50 Euro für die Infusion bekommen. Ich soll das von meinem Konto zur Apotheke überweisen und die Rechnung zur Krankenkasse schicken, dass ich das wiederbekomme. Ich habe ein paar Tage nicht schreiben können, da mein Arm weh tat. Na ja, heute geht es wieder.

So, heute ist Montag und ich habe meine Haare gewaschen und viele, viele im Waschbecken gehabt. Ich möchte mit Steffi nach Hildesheim fahren. Bei Real gibt es eine Digitale Quad-Sat-Anlage. Sie kostet 149 Euro. Meinen Sekt, Asti Chincano, gibt es bei Kaufland für 3,99 Euro. Da wollen wir eine Kiste kaufen, wenn Besuch kommt und für die Hochzeit. Ich war in der Apotheke und habe mir Enzyme, Vitamine und einiges, was meinem Körper gut tut, an Tabletten gekauft, weil meine Freundin Wiltrud, die auch Heilpraktikerin ist, es mir geraten hat. Ist ganz schön teuer, aber ist während ich die Chemotherapie bekomme wohl ganz gut. Noch sieben Chemotherapien. Am Mittwoch die zweite Chemotherapie. Ich verliere immer mehr Haare. Es ist fürchterlich. Ich war heute Abend walken mit Ines, eine Stunde, etwas anstrengend.

Wieder ein neuer Tag. Heute erhalte ich meine zweite Chemotherapie. Der Taxifahrer ist pünktlich. So angekommen muss ich gleich auf die Waage. Ich habe zwei Kilo abgenommen. Urin abgeben und wegen meiner Flecken am Arm zu Dr. Uhu. Er sagt, es ist eine Oberflächenvenenentzündung, an der Brust rechts habe ich das auch. Aber die Laborwerte sind wieder besser. Deshalb kann ich die Chemotherapie erhalten. Die Schwester nimmt Blut ab. Urin muss ich abgeben. Es geht los. Sie ist sehr nett und misst auch noch meinen Blutdruck 130/90, okay. Dann kommt eine aus der Apotheke und spricht mit mir über Ernährung, Hautpflege, Verstopfung, Durchfall, Übelkeit, Erbrechen und so weiter. Es sind mit mir fünf Frauen da, die im Liegesessel sind. Dann kommt die sechste Frau. Sie trägt ein buntes Kopftuch und erzählt sehr viel. Ich habe vier Stunden Chemotherapie hinter mir und will zur Toilette gehen. Da wird mir etwas schwindlig. Ich bitte um Wasser. Ich gehe nochmals in den Liegestuhl. Der Taxifahrer lässt auf sich warten, eine Dreiviertelstunde. Wieder ein anderer Taxifahrer, aber auch sehr freundlich.

Zu Hause angekommen habe ich mich hingelegt, vorher

noch Steffi informiert. Am nächsten Tag bin ich mit Steffi nach Hohenhameln gefahren, um einen Termin bei der Vertretung von meinem Hausarzt Dr. Dannen für nächste Woche Mittwoch zu machen. Wir waren dann beim Wochenmarkt. Anschließend ist Steffi zu ihrem Arzt gegangen, um sich ihre Eisenspritze abzuholen, weil sie während der Schwangerschaft Eisenmangel hat. Wir sind noch bei Lidl, Aldi, Rewe und KIK gewesen. Zu Hause angekommen habe ich etwas gegessen und ein Märchen angeschaut, »Die sieben Geißlein«. Ich habe mich etwas hingelegt und dann Mettklops, Kartoffeln, Soße und Mischgemüse gekocht. Abends war ich walken mit Ines.

Am nächsten Tag, mal wieder Freitag, kam Klaus schon mittags von der Arbeit. Es gab Eierkuchen und Apfelmus. Wir sind nach Hildesheim gefahren, um Lebensmittel einzukaufen. Mir war etwas unwohl und auch schwindlig. Meine Haut, Kopf und Hals waren ganz rot, als hätte ich Sonnenbrand, das habe ich ordentlich eingecremt. Am rechten Arm und der Brust ist das Rote jetzt bläulich, ich machte jetzt Voltaren drauf und später Babypuder. Ich bin mit dem Hund draußen gewesen. Ich habe Ines, auch eine gute Freundin, beim Kuchen backen geholfen. Ihr Mann Jan hatte Geburtstag und wir sind eingeladen, aber mir ist nicht zum Feiern zu Mute. Wir haben abgesagt. Ich habe die Nacht sehr schlecht geschlafen. Mir ist auch wieder schwindlig und ich habe einen komischen Geschmack im Mund wie nach Eisen. Habe ich auch nachts bekommen, so dass ich aufgestanden bin und mir meine Zähne geputzt und mit Odol gespült habe, es war sehr unangenehm. Ach, Frau Schwartze, mit der ich im Krankenhaus lag, hatte gestern angerufen. Sie hat jetzt die dritte Chemotherapie hinter sich, keine Haare mehr und Probleme mit dem Mund, der kaputt ist. Sie hat eine Woche nicht in den Spiegel schauen können wegen des Verlusts der Haare. Sie möchte mich am

10. August in Hildesheim, wenn ich meine Chemotherapie bekomme, dort besuchen. Julia, meine Freundin und Arbeitskollegin, hatte auch angerufen und sich nach mir erkundigt. Es hilft sehr, wenn man weiß, dass liebe Menschen an einen denken und helfen wollen. Julias Mutter war im Krankenhaus. Sie hat Blutdruckprobleme, aber es geht ihr auch wieder viel besser, sodass sie auch in den Urlaub fahren kann.

Heute war Samstag und Klaus ist nach dem Frühstück mit dem Motorrad etwas rumgefahren. Ich habe eine Gemüsesuppe, Pudding und eine Erdbeersahnetorte gemacht. Meine Freundin Monika habe ich angerufen. Sie ist in einem Psychiatrischen Krankenhaus für mehrere Wochen wegen Depressionen. Sie hat jetzt ein Zweibettzimmer und bekommt ab Montag ihre Anwendungen. Sie ist auch Krankenschwester im Altenheim. Letztes Jahr ist sie 60 Jahre alt geworden. Wenn man überlegt, ich soll bis 67 Jahre arbeiten, das schafft man nicht als Krankenschwester. Jetzt muss ich erst mal diese schwere Zeit überstehen. Am Montag war ich nach Peine gefahren, um andere Menschen zu sehen. Erst war mir nicht so gut. Ich bin trotzdem gefahren. Ich bummelte rum, war in mehreren Geschäften und kaufte auch etwas ein. Ich fuhr wieder nach Hause. Ging mit Ines eine Stunde walken und anschließend bin ich mit Benny spazieren gegangen. Abends noch fern geguckt.

Am nächsten Tag bin ich nach Hohenhameln zum Einkaufen gefahren. Ich habe Martina getroffen, meine Kollegin sowie auch Freundin. Ich habe heute das erste Mal meine Perücke aufgesetzt, um auch zu testen wie die Menschen reagieren. Martina meinte, dass es doch gut aussieht. Sie hatte die Kleine von ihrer Schwester dabei, eine kleine süße Maus. Ich bin noch bei meinem Vater vorbeigefahren, da Rosa, seine Lebensgefährtin, mit ihrem Insulin-Pen nicht richtig klarkommt.

So, ich fuhr wieder nach Hause. Meine Haare fielen immer mehr aus, sie waren schon ganz schön dünn. Aber ich muss damit klarkommen. Ich wusste, dass ich das schaffen werde, aber es war schwer. Dann kam ein Anruf von meiner Krankenkasse wegen der Kosten. Ich soll die Rechnungen sammeln und ob ich was wiederbekomme wird noch entschieden. Ich habe heute von Uta, meiner Kollegin, einen Brief bekommen und mich gefreut. Am nächsten Tag war ich nochmals mit Ines walken. Es tat mir gut. Klaus und ich sind am Freitag nochmals zur Krankenkasse gefahren. Ich musste 519 Euro selbst tragen, alles, was drüber lag, bekam ich wieder. Also die Rechnungen aufheben. Ich habe bei meinem Arbeitgeber einen Krankengeldzuschuss beantragt und bekomme im Monat einen kleinen Zuschuss. Darüber habe ich mich riesig gefreut.

Heute ist Samstag, Klaus und Andi haben eine neue Antenne aufs Dach gebracht. Ich habe das Badezimmer geputzt und alle Haare weggeputzt, da liefen mir die Tränen. Auch gestern Abend sind ganz viele Haare ausgefallen. Es fällt mir schwerer, als ich dachte. Für eine Frau sind Haare das Markenzeichen. Eine Glatze als Frau zu haben ist sehr schwer. Das Wetter am Wochenende war auch sehr regnerisch. Ich war trotzdem Walken und konnte dabei Weinen wegen meiner Haare und es hat keiner gesehen. So, heute ist Montag und ich bin nach Peine gefahren, weil ich mir eine neue Brille kaufen wollte, weil ich während der Chemo keine Kontaktlinsen tragen darf. Ich hatte mir eine schicke Brille ausgesucht. Entweder gelb oder orange/braun, modern. Ich entschied mich für orange/braun. Die Verkäuferin sagte einen Satz, der mich doch etwas verletzt hat. »Können Sie sich die Brille leisten?« Ich hatte meine Perücke auf, war ordentlich angezogen, und ich weiß nicht, wie sie darauf kam.

Dann am Donnerstag der Anruf, »Frau Dawid, Sie können Ihre schöne Brille abholen«.

Ich bin morgens gleich hingefahren. Da war die Verkäuferin und Chefin von dem Laden sehr nett, plauderte mit mir, schenkte mir ein passendes orangenes Etui. Die Brille kostete 250 Euro. Die gelbe Brille wäre teurer und sie stand mir nicht besser.

Am Nachmittag bin ich mit Günther zu Monika, meiner Freundin, nach Liebenburg gefahren. Sie hat sich riesig gefreut. Als wir ankamen, hatte sie noch eine Anwendung. Wir warteten unten. Dann rief sie von ihrem Balkon, »ihr könnt hochkommen«. Sie hat ein Zweibettzimmer. Für sie ist es eine Kur. Wir sind ins Café gegangen, haben ein Eis gegessen und Kaffee getrunken. Sie erzählte, was sie alles dort macht, wie Sport, Gymnastik, Malen, Basteln, Bäder mit Melisse. Alles, was ihr gut tut. Wandern macht sie auch ganz gern. Sie braucht Erholung, Ausruhen wegen ihres stressigen Beruf als Krankenschwester. Sie wird 61 Jahre alt dieses Jahr.

Ich war Mittwoch bei meinem Hausarzt. Bei der Vertretung, weil mein Hausarzt noch im Urlaub war wegen der Blutabnahme. Da muss ich jede Woche mittwochs hin und alle drei Wochen zur Chemotherapie. Nächste Woche Mittwoch habe ich die dritte Chemotherapie. Jetzt waren fast wieder drei Wochen um und nun ging es mir gut. Ich konnte gut Essen, war auch belastbar. Also ist Klaus mit mir am Samstag nach Hannover gefahren zum Maschsee mit dem Auto und von dort mit den Fahrrädern in die Stadt. Wir haben lecker Eis gegessen und sind dann in den vielen Läden gewesen. Zu Mittag haben wir bei McDonald's gegessen. Klaus wollte dann noch zum Schützenplatz. Ich habe ihm gesagt, es wird mir alles zu anstrengend. Wir sind dann zurückgefahren. Es waren dort zu viele Menschen. Ich habe ihm gesagt: »Klaus, vergiss nicht, ich bin krank.«

Als wir zu Hause waren, habe ich mich erst mal ausgeruht. Ich bin noch nicht 100% belastbar. Abends war ich bei Steffi. Sie hat Wasser in den Beinen. Da habe ich ihr Ananas im Real gekauft. Bin für sie extra nach Hohenhameln gefahren und kaufte auch noch Reis, damit sie entwässert. Den Antithrombosestrumpf habe ich ihr angezogen und ihren Fuß massiert. Das macht man alles, wenn man den Menschen über alles liebt wie eine Tochter. Sie wird ja bald meine Schwiegertochter. Eine sehr liebe, hübsche. Bald war die Hochzeit und das Baby würde in ca. einem Monat kommen. Darauf freuen wir uns.

So, heute werde ich vom Taxifahrer abgeholt, um 8.50 Uhr pünktlich. Die Chemotherapie soll 9.30 Uhr beginnen. Die Ärztin fragt mich, ob es mir gut geht. Ich sage ihr, dass ich nach der zweiten Chemotherapie ein rotes Gesicht und einen roten Hals hatte, Schlafstörungen und am rechten Arm Flecke. Sie sagt, ja das seien Nebenwirkungen. Anschließend kommt die Schwester und nimmt mir Blut übern Port ab. Das Blut ist in Ordnung, aber der Blutdruck ist zu hoch, RR 160/100. Ich soll zu Hause nachmessen. Mein Puls ist auch zu hoch. Die Gefahr eines Herzinfarktes oder Herzschwäche ist leider da. Also muss ich aufpassen.

Als der Taxifahrer mich nach vier Stunden abgeholt hat, habe ich mich zu Hause gleich hingelegt. Ich konnte nicht schlafen. Da habe ich Fernsehen geguckt. Es kam das Märchen Schneewittchen. Bei der Chemo habe ich eine nette Frau aus Indien kennengelernt. Sie lebt schon 27 Jahre hier. Ihre Schwiegertochter war dabei und hat auch übersetzt. Die Frau bekommt wöchentlich Chemotherapie, eine kleinere Dosierung, weil sie die schlecht verträgt. Sie muss auch noch operiert werden. Sie konnte auch etwas deutsch. Die Frau lächelte immer, obwohl es ihr schlecht ging. Ich sagte ihr, sie soll auch durchhalten. Ich soll viel trinken vor allem die ersten Tage wie eine Spülung, sagte Fr. Dr. Haft. Ich überlege jetzt doch, ob ich einen Brief für Klaus, Andi und Vati schreibe, falls mir doch was passiert. Einen Brief hatte ich schon mal geschrieben vor meiner OP. Einen Brief habe ich heute unter Tränen geschrieben, weil ich nicht weiß, wie die Sache ausgeht.

Am Wochenende regnet es nur. Außer Samstag, da haben wir gegrillt. Es geht mir nicht besonders. Jetzt ist die dritte Chemotherapie vorbei. Aber immer mehr Nebenwirkungen treten auf, wie z.B. rotes Gesicht und Dekolleté, erhöhter Blutdruck, schlapp, müde, Halsschmerzen, rote Stellen am Körper und psychisch sehr weinerlich. Ich habe Angst, dass es sich nach jeder Chemotherapie verschlechtert. Aber ich hatte mehrere Telefonate. Julia, Barbara, Monika, Sandra und Jana. Das muntert mich auf. Ich sage mir, dass ich es schaffe, es ist mein größter Wunsch. Ich will leben!

Heute ist schon wieder Montag und ich war mit Steffi in Hoheneggelsen in der Gaststätte »Klein Berliner Hof«, wo wir das Buffet für die Hochzeit bestellt haben. Steffi hat leckere Sachen ausgesucht. Die anderen Tage vergehen aber verträglich. Es vergeht auch wieder. Frau Schwartze, meine Bettnachbarin aus dem Krankenhaus hat angerufen. Ihr geht es gut und wir wollen uns mal treffen.

So, jetzt ist ein Tag vor der Hochzeit. Andis zwei Freunde sind da und helfen das große Zelt aufzubauen. Steffi und ich falten die Servietten und schmücken die Wohnung. Vor dem Haus kommt ein Buchsbaum, geschmückt mit weißen Schleifen und zwei Orchideen auf der Fensterbank, viele Ballons hängen wir auf. Klaus hängt vorm Haus die Wäscheleine mit den Babysachen auf und auch den Storch. Andi und Steffi freuen sich schon auf ihre Hochzeit.

Einen Tag vorher kamen noch Freunde, Familie Klawitter, zum Poltern. Sie haben sogar einen Korb voll Sekt und Brause mitgebracht. Sie haben bei uns vorher kurz angerufen, dass sie kommen. Ich hatte auch noch vorher Teller zum Poltern von meinem Vati geholt. Dann klingelten wir bei den beiden. Wir polterten und sangen, dass die beiden fegen müssen. Es war lustig. Den anderen Kumpels musste Andi absagen, weil es Steffi nicht so gut ging. Nächstes Jahr wollen sie das Baby taufen lassen. Andi war auch in Hannover, mit seinen Kumpels Junggesellenabschied feiern.

So jetzt ist Freitag, der 26. 08. 2011. Um 7.00 Uhr gehe ich rüber zum Tisch decken. Klaus geht Brötchen holen. Es regnet ein wenig. Wir haben in einer Stunde den Tisch gedeckt mit weißen Tischdecken, roten Servietten und roten Rosen. Alles schick. Jetzt gehen wir zu uns zum Frühstück, es ist 8.00 Uhr. Um 9.00 Uhr gehen sie wieder rüber. Ihre Friseuse kommt. Sie wohnen nur zwei Minuten von uns entfernt. Wir gehen um ca. 10.30 Uhr rüber. Ihre Mutter, Bruder, Oma und Lebenspartner sind auch schon da. Jetzt kommen auch ihr Vater und ihre Stiefmutter. Steffi sieht schick aus, ca. drei rosa Rosen im Haar und ein beiges Kleid, ganz schick. Andi trägt ein rosa Hemd und einen grauen Anzug. So, wir fahren alle los. Der Standesbeamte geht noch mal raus, da er die Daten vom Bruder, Trauzeugen, noch aufnehmen muss, da die Schwester, auch hochschwanger, nicht kommen konnte. Der Standesbeamte beginnt mit der Trauung. Er hat Kreislaufprobleme, es ist sehr heiß. Andi und Steffi geben sich das Ja-Wort und küssen sich. Sie haben es ganz toll gemacht, alle beide, ein sehr hübsches Pärchen. Wir gehen nach draußen und haben alle gratuliert. Vor dem Standesamt sind Axel und Iris und viele Freunde. Ein großes Bettlaken mit einem Herz zum Ausschneiden wird gehalten. Es ist lustig, die beiden haben je eine Schere und schneiden es aus und gehen da durch. Dann kommt das tolle Auto, eine große weiße Limousine. Sie trauen ihren Augen nicht. Steffi sagt, die soll für mich und Andi sein, super. Sie freuen sich. Andis Trauzeuge Jan und seine Freundin haben die bezahlt. Ich wollte was dazugeben, aber er sagte, brauche ich nicht. Die Hochzeitstorte, die ich bestellt habe, sieht toll aus. Eine weiße, runde Himbeersahnetorte mit rosa Rosen und ein Bild aus Esspapier von den beiden mit der Aufschrift: zur Hochzeit für Andi und Steffi. Die Torte habe ich bei Kaffee Beste in Hildesheim bestellt. Ihr Vati holt sie ab. Steffi und ich haben alles super geschmückt. Drei große Kerzen habe ich gebastelt.

Das Warm-Kalt-Buffet kam um 13.30 Uhr. Es war einfach toll. Der Vati von Steffi hat eine Hochzeitsrede gehalten und ich auch. Es war herzergreifend. In meiner Rede habe ich gesagt es ist toll, eine Tochter dazu gewonnen zu haben. Da hatte Steffi Tränen in den Augen. Es war eine sehr schöne Feier. Es lief soweit alles gut ab. Am späten Nachmittag kam ca. eine halbe Stunde Sturm auf und wir haben alle das Zelt festgehalten. Das war sehr lustig. Das Wetter hat gehalten. Wir sind gegen 23.30 Uhr nach Hause gegangen. Jetzt sind die beiden junge Eheleute Familie Dawid. Am nächsten Morgen sind wir zum Aufräumen hingegangen. Andis Freund hat so sehr mitgeholfen, dass ich ihm eine Flasche Jim Beam gekauft habe, als kleines Dankeschön. Ich bin glücklich einen so tollen Sohn und eine so tolle Schwiegertochter zu haben.

Die Tage flossen so dahin. Nun bekam ich meine vierte Chemotherapie. Als ich ankam, wie immer Urin abgeben, Wiegen, Blutdruck messen. Die Schwester sagte, »Frau Dawid, Ihr Blutdruck ist zu hoch, 160/100. Da dürfen wir Ihnen die Chemotherapie nicht geben. Bleiben Sie erstmal liegen, wir messen ihn nach«.

Es dauerte ca. eine Stunde, dann war er 140/80 und sie konnten mir die Chemotherapie geben. Über den Port Blut abnehmen ging auch nicht. Ich saß fünf Stunden da, es lief aber alles gut. Für die anderen vier Chemotherapien würde ich ein anderes Mittel bekommen. Ich hoffte, dass ich sie auch gut überstehen würde. Bei uns in Bierbergen war am Wochenende Schützenfest und unser Nachbarsohn ist Jugendkönig geworden. Also habe ich bei uns am Zaun ein paar Ballons aufgehängt. Es war schönes Wetter. Klaus und Andi sind mit dem Motorrad nach Hannover gefahren. Beide haben ein schickes Motorrad, und es sah gut aus, als Vater und Sohn losfuhren. Ich sollte die Blumenkästen neu einpflanzen, was ich auch tat. Es war anstrengend. Aber als ich fertig war, freute ich mich. Morgens walkte ich ca. 20 Minuten. Ich machte nur etwas, weil mein Blutdruck immer noch zu hoch war. Am Nachmittag schauten wir uns den Umzug an, mit der Blaskapelle liefen sie durchs Dorf. Das Schützenfest hat auch gutes Wetter. Mit unseren Nachbarn Axel und Iris sowie Andi und Steffi verabredeten wir uns auf dem Festplatz. Ich fühlte mich einigermaßen. Es war ein schöner Abend. Meine Freundinnen Sandra, Barbara, Jana und Monika haben in dieser Woche angerufen. Auch Wiltrud hat angerufen, sie ist meine Kollegin und auch Freundin. Ich habe mich mit drei Freundinnen zum Frühstück verabredet in der nächsten Zeit.

Nach der vierten Chemotherapie fühle ich mich so einigermaßen. Manchmal etwas schwindlig, schlapp und müde. Ich gehe immer abends mit dem Hund Benny spazieren. Ich lasse mich nicht hängen.

Am Montag war ich mit Steffi im Krankenhaus, weil sie etwas Fruchtwasser verloren hat. Als wir ankamen, sagte eine Hebamme, wir sollen reinkommen. In dem Moment war eine junge Frau im Flur kollabiert. Eine andere Hebamme lief mit einem Neugeborenen über den Flur. Wir sind dann in einen Raum gegangen, in dem Steffi am CTG angebracht wurde. Die Ärztin hat ein Ultraschallbild gemacht. Alles in Ordnung mit dem Baby. Wir sind wieder zurückgefahren.

Ich möchte mit dem Buch den Frauen, die auch an Brustkrebs erkrankt sind, Mut machen und zeigen, wie ich es geschafft habe, diese Zeit zu überstehen.

Zu Hause mache ich mir Tücher um, und wenn ich wegfahre, setzte ich die Perücke auf. Ich habe nur noch wenig Haare. Wenn ich mich im Spiegel anschaue, dann denke ich, das bin nicht ich. Aber ich weiß auch, dass es wieder anders sein wird und das stärkt mich wieder. Ich habe jetzt noch vier Chemotherapien vor mir. Es ist wieder Wochenende. Wir wollen morgen nach Celle fahren. Am nächsten Morgen nach dem Frühstück starten wir nach Celle. In Celle angekommen bummeln wir durch die Stadt. Ich kaufe mir sexy Unterwäsche und will Klaus abends damit überraschen.

Wir waren in Celle in einer kleinen Gaststätte, Mittag essen. Anschließend haben wir eine Kutschfahrt gemacht. Das war sehr schön. Am Sonntag sind Andi und Steffi morgens auf einen Cappuccino gekommen. Wir haben uns um 15.00 Uhr zum Kaffee verabredet und anschließend sind wir nach Peine zum Eulenfest gefahren, wo Judith und Mell gesungen haben und Bata Illic. Es war sehr schön, aber dann regnete es und wir fuhren zurück.

Am Mittwoch war ich zur Blutabnahme beim Hausarzt. Da sollte eine Schwester Blut abnehmen, das tat total weh, es brannte. Ich sagte, das brennt, da sagte sie, »Sie sind wohl empfindlicher geworden wegen Ihrer Chemotherapie«. So was muss ich mir nicht sagen lassen. Ich habe öfters mal ein Ziehen in der Blasengegend oder auch Nierengegend. Ich habe dann Buscopan genommen und Tee getrunken. Es wurde auch besser. Am Samstag haben wir einen Spieleabend gemacht mit Andi und Steffi und für unseren Nachbarn und Freund als Überraschung zwei Raketen starten lassen. Axel hat sich gefreut. Am nächsten Morgen kam die Nachbarin und fragte ob wir die Raketen starten ließen. Ich sagte, ja. Sie erzählte mir, dass eine Rakete in ihre Poolabdeckung ein Loch gemacht hatte. So ein Mist, dachte ich. Am Montag habe ich bei unserer Versicherung angerufen ob sie die Kosten übernehmen. Eingereicht haben wir es. Abwarten, sie haben das bezahlt und ich war froh.

Meine Freundin Jana ist zum Frühstück gekommen. Sie hat ihren Hund Gresie mitgebracht. Wir erzählten und erzählten und haben lecker gefrühstückt. Am Nachmittag kam meine Freundin Monika. Sie war noch im Krankenhaus in der Tagesklinik.

So, nun warten wir darauf, dass Steffi ihr Baby bekommt. Sie hat bald ihren Geburtstermin. Ich muss heute zu meiner fünften Chemotherapie, wo ich ein neues Mittel bekomme, es heißt Docetaxel. Und ich bekomme eine Spritze Neulasta, die ich mir nach 24 Stunden selbst spritzen soll. Es ist 12.30 Uhr und ich desinfiziere die Einstichstelle am Bauch und spritze mir die Spritze, es brennt etwas. Später bekomme ich Schmerzen an den Gelenken von Kopf bis Fuß. Ich nehme erst mal eine Buscopan und später ein Voltarenzäpfchen. Es hält nicht lange an, ich habe weiter Schmerzen. Jetzt nehme ich eine Ibuprofentablette ein. Ich habe die ganze Nacht nicht schlafen können vor Schmerzen und laufend muss ich zur Toilette zum Urin lassen.

Die Nacht ist vorbei. Klaus kommt zu mir ins Schlafzimmer und sagt, Andi und Steffi sind im Krankenhaus ca. seit halb vier morgens. Ich sage schon, »dann kommt heute das Baby«.

Mia Dawid am 23. 09. 2011 geboren in Hildesheim im Krankenhaus. Sie wiegt 3830 gr.. und ist 55 Zentimeter groß. Mutter und Kind sind wohlauf. Um 16.04 Uhr geboren. Steffi hat alles super gemacht. Wir als Oma und Opa sind sehr stolz auf sie. Andi als Papa hat sich auch riesig gefreut. Stolze Eltern, die beiden. Es geht mir zwar nicht gut aber wir fahren trotzdem hin und besuchen sie gleich.

Steffi ist noch im Kreissaal. Sie wartet darauf, das sie auf Station kann. Klaus und ich freuen uns, die kleine Mia zu begrüßen. Steffi bekommt jetzt ihr Zweibettzimmer. Sie wird schon nach vier Tagen entlassen. Die Kleine ist so süß und hat auch schon Haare. Andi gibt für seine Kumpels einen aus, Babypinkeln heißt das, wo nur Männer da sind.

Ich habe zwei Baguettestangen gekauft und mit Käse, Mett, Wurst und Lachs belegt für ca. 12 Personen. Aber es wurden immer mehr. Klaus kam rüber und sagte, das Essen habe nicht gereicht. Ich mache noch ein paar Rühreier. Klaus war bis in die Nacht um 2.30 Uhr da und hat aufgepasst, dass die Musik nicht so laut war.

Am nächsten Morgen gegen 10.00 Uhr sind wir rüber und haben aufgeräumt. Die Wohnung sah aus, als ob eine Bombe eingeschlagen hätte. Ich fühlte mich zwar nicht wohl, aber ich bin mit Klaus rüber gegangen und wir drei haben alles auf Vordermann gebracht. Am Montag kamen Andi und Steffi mit dem Baby Mia aus dem Krankenhaus. Wir haben uns alle sehr gefreut. Mia sieht so niedlich aus. Andi, Mia und ich sind spazieren gegangen. Steffi kam super zurecht mit der kleinen Mia. Die Hebamme kam ca. zweimal die Woche. Am Wochenende war hier in Bierbergen ein Drachenfest. Das Wetter war super schön, aber kein Wind. Steffis Schwester, Mann Lukas und das Baby von ihrer Schwester Luisa, was zwei Wochen eher geboren wurde, kamen zu Besuch. Wir sind zum Kaffee rüber gegangen. Es war sehr nett. Ungefähr um 15.00 Uhr sind wir zum Drachenfest gegangen. Es gab Bratwurst, Steak, Kuchen und Getränke. Eine Hüpfburg für die Kinder war auch da. Aber nur zwei Drachen gingen hoch. Es fehlte der Wind. Steffi hat mir Mia schon öfters gegeben. Ich habe sie gepämpert und ihr die Flasche gegeben. Es macht mir sehr viel Spaß und lenkt mich von meiner Krankheit ab.

Es ist wieder so weit. Heute die sechste Chemotherapie,

wo vor ich Angst habe, da ich die fünfte Chemotherapie schlecht vertragen habe. Eine Taxifahrerin holt mich pünktlich ab und wir fahren nach Hildesheim zu Dr. Uhu. Es sitzen wieder sechs Frauen in den Liegesesseln und sie erhalten ihre Chemotherapie. Neben mir sitzt eine Frau Ende 30. Sie hat zwei Kinder und einen großen Tumor seit zwei Jahren. Die Ärzte meinten es wäre eine Zyste. Die Diagnose war aber falsch. Sie erhält jetzt erst Chemotherapie, damit der Tumor kleiner wird und danach wird sie operiert. Später kommt eine andere Frau, so Ende 50, und erzählt dass sie in Boltenhagen zur Kur war und es ihr gut tat und auch sehr schön war. Ihr Ehemann war in der letzten Woche da. Ihr wurde eine Brust amputiert. Wiederaufbau mit Silikon war misslungen. Sie ist psychisch weit unten, aber sehr nett. Heute ist beim Doktor viel los. Aber ich bin froh, in so guten Händen zu sein, ein echt gutes Team, Schwestern sowie sehr gute Ärzte. Auch die Praxis ist gut ausgestattet. Die Ärztin kommt zur Visite. Diesmal habe ich eine lange Liste gemacht, da ich die fünfte Chemotherapie nicht so gut vertragen habe. Ich lese ihr meine ganzen Nebenwirkungen vor, was fast einen Beipackzettel voll ausfüllt. Die Frau Doktor ändert die Spritze. Ich spritze mir am fünften Tag täglich fünf Tage lang Granolozyten. Die Ärztin ist sehr verständnisvoll. So, Frau Maler von der Studie kam auch noch und hat mich abgefragt und gesagt, »Frau Dawid nehmen Sie die Schmerztabletten Ibuprofen regelmäßig ein«.

Das tat ich auch. In der Nacht von Freitag auf Samstag fing es wieder an mit Beinschmerzen. Ich nahm morgens meine Tablette ein und zusätzlich auch eine Pantozol, ein Magenschutz. Es wurde besser. Klaus wollte mit mir nach Hildesheim zum Bummeln. Ich sagte: »Heute nicht.«

Ich räumte das Haus etwas auf, kochte Gyros, Kartoffeln und Krautsalat. Bereitete Rinderrouladen für Sonntag vor und backte einen tollen Käsekuchen. Doch dann setze ich mich auf die Terrasse und genoss das schöne sonnige Herbstwetter. Steffi wird nachher Mia vorbeibringen. Darauf freute ich mich schon riesig. Ich bin sehr glücklich, dass Andi und Steffi nur zwei Minuten von uns weg wohnen und wir uns sehr gut verstehen.

Ich hatte jetzt mehrere Wochen mein Buch nicht weiter geschrieben, da ich mich nicht konzentrieren konnte. Ich stand ein paar Tage vor der siebten Chemotherapie. Ich hatte Probleme mit dem Darm und Verstopfung. Es war schmerzhaft. Ich wollte Klaus morgens Schnitten für die Arbeit machen, doch da spielte auf einmal mein Kreislauf nicht mit. Klaus brachte mich sofort ins Schlafzimmer, wo es mir auch bald besser ging. Auch die anderen Tage war ich schlapp, Schluckbeschwerden, komischen Geschmack und Gelenkschmerzen. Am 19.10. war Laborkontrolle. Meine Leukozyten waren nur 1,4, viel zu niedrig. Die Arztpraxis rief bei mir an. Ich fuhr zur Kontrolle hin. Sie waren dann auf 4,1 gestiegen. Ich sagte zur Schwester, was wäre denn wenn sie nicht gestiegen wären. Sie sagte dann hätte ich ins Krankenhaus gemusst. Das wollte ich auf keinen Fall.

Ich bekam jetzt Lymphdrainage für meinen Arm. Das tat mir gut. Der Krankengymnast, der Chef von der Praxis, fragte, ob ich psychologische Betreuung brauche. Ich sagte ihm, nein. Durch meine tolle Familie auch unser Baby Mia, meine Freunde und Arbeitskolleginnen hatte ich so viel positive Energie, dass ich keinen Psychologen brauchte. Julia hat mir eine tolle Karte geschickt, worüber ich mich riesig gefreut habe. Meine Kollegin Heike hat angerufen und mir erzählt, dass unsere Stationsschwester in Ruhestand geht. Ich hatte mich auf die Stelle als stellvertretende Leitung beworben. Aber Heike, die erste Stationsleitung, hat mir gesagt da sie jetzt jemanden brauchen und nicht darauf warten können, bis ich gesund bin. Da war ich doch etwas traurig, aber habe das eingesehen. Kerstin, auch eine Freundin, hat angerufen und mir Mut zugesprochen. Ich war mit Steffi und Mia in Hildesheim Babysachen einkaufen. Wir haben tolle Sachen bei H&M gekauft. Ich konnte mich am Kinderwagen gut abstützen, weil ich doch noch geschwächt bin. Andi und Steffi wollten am Freitag mal ins Kino. Da hat die kleine Mia das erste Mal bei uns im Reisebett, was wir gekauft hatten, geschlafen, bis Samstag. Obwohl sie erst vier Wochen alt ist haben wir uns um 22.00 Uhr hingelegt und Mia hat durchgeschlafen bis morgens halb sechs Uhr und hat Geräusche von sich gegeben. Da habe ich ihr ein Flasche Beba-Kleinkindernahrung gemacht. Sie hat gut getrunken. Ich habe sie trocken gemacht und sie hat etwas geschlafen. Um 7.00 Uhr habe ich sie zu uns ins Ehebett geholt und sie hat noch ein wenig geschlafen. Klaus hat Brötchen geholt und unsere liebe Steffi hat Mia dann abgeholt. Wir sind nach Hildesheim zum Bummeln gefahren. Für Klaus haben wir mal eine schicke Jacke gekauft. Klaus ist immer sehr bescheiden und hat seinen eigenen Geschmack, der ist anders als meiner. Vor ein paar Jahren habe ich ihm immer etwas zum Anziehen mitgebracht, aber es gefiel ihm oftmals nicht, und dann habe ich es sein lassen.

Ich bekomme ja Lymphdrainage, was mir sehr gut tut. Die Frau vom Chef hat mich schon zweimal behandelt. Das hat sie auch super gemacht und ich bin sehr zufrieden. Lob, Lob, Lob. Steffi ist mit mir und Mia nach Peine gefahren. Steffis Oma hat zum Kaffee eingeladen. Ihre Oma ist sehr freundlich, liebevoll und möchte allen gerecht werden. Eine tolle Frau und sie ist 73 Jahre alt. Hat ganz viel Kuchen und extra für uns Dallmeyer-Kaffee gekauft. Hat uns rundum toll versorgt. Extra Weintrauben und Chips hingestellt. Sie hat eine schöne kleine Wohnung. Und konnte ganz toll mit unserer Mia umgehen. Sie hat selbst fünf Kinder großgezogen. Es hat mir sehr gefallen.

Am Wochenende sonntags kam Klaus' Bruder Ingo mit Frau Heidi zum Kaffee vorbei. Heidi hat selbst gebackenen Apfelkuchen mitgebracht. Wir haben uns sehr gefreut. Steffi, Andi und Mia sind auch gekommen. Steffi hat ganz tolle Muffins gebacken, super.

So, wieder eine neue Woche. Am Mittwoch war meine siebte Chemotherapie. Der Taxifahrer war pünktlich. Die Schwester wies mir gleich einen Liegestuhl zu. Sie hieß Sahra. Sie schickte mich wie immer gleich zur Toilette, Urin abgeben und zum Wiegen. Dann erzählte ich ihr von meinen Nebenwirkungen. Sie fragte, »wollen Sie erst mit dem Doktor sprechen?« Ich sagte ihr, dass ich es ihm bei der Visite sagen wolle. Ich wollte, dass die Chemotherapie läuft. Sie nahm mir Blut ab und die Werte waren einigermaßen. Neben mir war eine Frau Ende 40, die zwei Tumore hat. Und vor einem halben Jahr hatte sie einen Herzinfarkt. Da dachte ich, es gibt Patientinnen, denen geht es noch schlechter als mir.

So, meine siebte Chemotherapie war überstanden. Auch wieder Nebenwirkungen wie ein schlechter Geschmack, matt, müde, abgeschlagen, Verstopfung, Nasenbluten und erhöhter Blutdruck. Meinen Blutdruck sollte ich beim Hausarzt abklären, meinte mein Onkologe. Beim Hausarzt bekam ich gleich Langzeitblutdruck über 24 Stunden angebastelt. Am nächsten Tag sollte ich mich beim Hausarzt melden, er sagte mir, dass die Blutdruckwerte im Grenzbereich 130/85 wären, und zehn Tage vor Weihnachten nochmals 24 Stunden Blutdruck. Zur Lymphdrainage ging ich zweimal die Woche, es tat mir sehr gut. Ich musste mir wieder fünf Tage Granolozyte supcutan spritzen. Da fühlte ich mich nicht so gut. Sobald ich mit den Spritzen aufhörte, fühlte ich mich besser. Die letzten Chemotherapien sind die

Schlimmsten. Jetzt noch eine Chemotherapie dann waren acht Chemotherapien geschafft. Ich will nicht rumjammern da ich Frauen, die auch von Brustkrebs betroffen sind, Mut machen möchte. Bitte denken Sie positiv, auch wenn es noch so schwerfällt. Versuchen Sie auch nach den Chemotherapien spazieren zu gehen, auch die Zeit zwischendurch. Treffen Sie sich zum Frühstück auch mit ihren Freunden. Gehen Sie raus und verstecken Sie sich nicht während der Zeit. Wenn Sie weinen wollen, dann weinen Sie, wenn Sie lachen wollen, dann lachen Sie. Das Leben geht weiter.

Steffi muss mit Mia zum Arzt und ich zur Lymphdrainage. Anschließend gehen wir frühstücken. Jetzt wieder Freitag und ein Anruf aus der Praxis von meinem Onkologen, meine Leukozyten sind nur 1,5, wieder zu niedrig. Die Schwester sagt, ich soll auf mich aufpassen und schon Montag zur Kontrolle, und wenn es mir schlecht geht, soll ich zum Krankenhaus fahren zur Blutabnahme. Am Samstag fahre ich mit Klaus nach Hildesheim zum Einkaufen.

Abends gingen wir zu Andi und Steffi zum Spieleabend. Ich habe ein paar Knabbersachen gekauft. Ich habe zweimal verloren und einmal gewonnen. Obstspieße und Mettklöße habe ich auch noch gemacht. Es war sehr schön und hat Spaß gemacht. Zu Hause angekommen legte ich mich aufs Sofa, putzte meine Nase und bekam ganz stark Nasenbluten. Es hörte erst gar nicht auf. Am Sonntag haben wir ausgeschlafen und den Tag genossen. Die Woche ging auch mal wieder schnell vorbei. Mia war auch mal eine Nacht, von Samstag auf Sonntag, bei uns. Sie hat gegen 22.00 Uhr die Flasche bekommen und ganz toll bis 6.15 Uhr durchgeschlafen. Dann habe ich ihr die Flasche gemacht und sie gepämpert. Sie ist so süß. Ich habe sie wieder hingelegt und sie schlief bis 7.30 Uhr. Dann habe ich sie in unser Ehebett gelegt und sie war so lieb. Ich habe sie dann gewaschen und toll angezogen. Sie ist unser Goldschatz und baut mich so sehr auf. Es hilft mir sehr.

Am Montag hatte ich einen Termin in der Strahlenabteilung, wo Steffi und Mia mitkamen. Das Gespräch mit Fr. Dr. Junke verlief gut. Ich habe die Termine fürs CT und die erste Bestrahlung bekommen. Ich bekam 36 Bestrahlungen von montags bis freitags, also 7 Wochen lang.

Morgen habe ich meine letzte Chemotherapie. Ich bin froh wenn ich die achte Chemotherapie überstanden habe. Aber ich habe auch etwas Angst vor den Nebenwirkungen. So, ich habe es geschafft, meine 8 Chemotherapie überstanden. Die Nebenwirkungen: rotes Gesicht, Gelenkschmerzen, Sodbrennen und erhöhten Blutdruck. Aber ich habe sie überstanden und bin froh und glücklich.

Jetzt hatte ich mein Abschussgespräch bei Dr. Uhu. Steffi, Mia und ich fahren nach Hildesheim zu Dr. Uhu. Voll beladen mit zwei Flaschen Wein. Eine für Fr. Dr. Haft, die mich auch betreut hat. Die andere Flasche für Dr. Uhu und für die Schwestern habe ich viele Süßigkeiten schick eingepackt und eine Karte reingelegt mit einem Dankeschön und etwas Geld. Sie haben sich gefreut und ich habe mich bedankt. Sie waren alle sehr nett. Frau Maler, die die Studie leitet, ist besonders hervorzuheben. Es wurde Blut abgenommen und wir mussten über 2,5 Stunden warten. Dann kam Dr. Uhu und entschuldigte sich, weil wir so lange warten mussten. Er hat mich gefragt, wie ich die Chemotherapie überstanden habe. »Ja, so einigermaßen«, sagte ich. Die ersten vier besser als die letzten vier, es war auch ein anderes Mittel. Bei den letzten vier hatte ich Schmerzen und auch viele Nebenwirkungen. Der Doktor sah an dem Tag kaputt aus, wir waren auch die letzten Patienten. Er hatte schon viele Fälle vor mir, die noch schwieriger waren. Ich bekam jetzt die Bestrahlungen und sollte mich in drei Monaten bei meinem Gynäkologen wieder vorstellen.

Wir waren froh, dass Mia so lieb war. Steffi hatte ihr die Flasche gegeben und sie trocken gemacht. Im Warteraum traf ich eine Frau wieder, die jetzt zum Brustkrebs auch noch eine Metastase hinterm Auge hatte, wo sich auch noch die Netzhaut löst, und eine Metastase an den Rippen. Sie tat mir leid. Es gibt immer noch schlimmere Fälle als meiner. Die Frau war 49 Jahre alt. Naja, als wir zurück fahren wollten, hatten wir auch noch einen Strafzettel am Auto. Dr. Uhu hat mir einen Zettel mitgegeben über eine Bisphosphonattherapie. Sie soll bewirken, dass bei Frauen mit Brustkrebs ein geringeres Rückfallrisiko bestehen würde. Die Kassen übernehmen die Kosten nicht. Die Kosten wären in einem Jahr über 800 Euro. Drei Jahre sollte man dies geben. Es ist natürlich sehr teuer. Aber ich musste mich erkundigen im Internet und bei anderen Ärzten. Ich bin mir unsicher, ob ich dies möchte. Es hat auch Nebenwirkungen.

So, es war wieder Wochenende und Steffi brachte die kleine Mia vorbei zum Schlafen bei uns. Sie wollten mal feiern gehen. Klaus und ich freuten uns. Ich gab Mia um 19.30 Uhr die Flasche und machte sie bettfertig, den Schlafsack an und sie lag noch eine Weile bei mir auf dem Bauch. Ich ging mit ihr zu Klaus, gute Nacht sagen, und legte sie in ihr Bett. Sie schlief bis zum nächsten Morgen 6.30 Uhr. Ich gab ihr dann die Flasche und machte sie trocken. Ich legte sie noch einmal ins Bett. Sie ist unser Sonnenschein. Ich staunte auch, dass Klaus so toll mit ihr umging. Es kam ein Anruf, mein Vati hat in der Nacht schlecht Luft bekommen. Ich sagte ihm, wir kommen sofort vorbei. Wir brachten ihn ins neue Klinikum in Hildesheim, also in mein Krankenhaus. In der Notfallaufnahme angekommen mussten wir warten. Eine Ärztin hat ihn untersucht und festgestellt, dass er etwas mit dem Herzen hat und auch mit der Lunge. Nach zwei Stunden kam er dann auf Station B0.

Die Schwester holte ihn mit dem Rollstuhl ab. Sie war sehr nett. Er hatte ein sehr schönes Zweibettzimmer mit Fernsehen und Telefon am Bett. Vati hat mehrere Untersuchungen gehabt und Anfang der Woche noch mehr. Wir hatten dann mit dem Oberarzt und Stationsarzt ein Gespräch. Steffi ist mit mir ins Krankenhaus gefahren. Der Doktor erklärte uns, dass mein Vater eine neue Herzklappe und einen Bypass braucht. Ich sagte ihm, dass es eine große Operation sein würde. Mein Vater ist 82 Jahre alt. Der Doktor erklärte uns, dass es notwendig ist. Mein Vater hat eine kardiale Dekompensation bei 90%iger Stenosierung der mittleren RCA. Er bekam einen Termin in der Medizinischen Hochschule in Hannover. Mein Bruder Henri hat Vati abgeholt aus dem Klinikum. Ich habe ihm lecker Essen gekocht, als er vorbei kam. Er fuhr noch zu seiner Tochter Eileen nach Braunschweig.

Am nächsten Morgen rief mein Vater an, er würde in der Nacht schlecht Luft bekommen. Am Montag ist er zum Hausarzt gebracht worden von mir und abgeholt worden von Günther, einem Freund von uns, da ich um 13.00 Uhr mein ersten Bestrahlungstermin hatte. Der Taxifahrer war pünktlich und freundlich. So angekommen kam ich gleich dran. Eine Röhre, so ähnlich wie beim CT, offen. Ich wurde nochmals angemalt. Jeden Morgen 8.10 Uhr zur Bestrahlung. Da bin ich gegen 9.00 Uhr zurück und habe noch etwas vom Tag. Ich wollte Sport machen, aber ich habe immer noch Gelenkschmerzen von der Chemotherapie. Als ich den Doktor fragte, wie lange die Chemotherapie noch in meinem Körper wirkt sagte er, ca. drei Monate oder länger.

Steffi hat mir heute die kleine Mia gebracht. Ich gab ihr die Flasche und habe mich danach mit ihr hingelegt. Mein Vater hat sein Termin bekommen, am 22.12. in Hannover. Er wurde mit einem Krankenwagen hingebracht. Wir,

Klaus, Rosa und ich, sind am 12. ins Krankenhaus gefahren. Rosa sagte während der Fahrt zu Klaus, halte bitte gleich mal an. Ihr war übel und sie hat gebrochen. Als wir im Parkhaus waren, hat sie nochmals erbrochen. Sie war reisekrank. So, endlich auf Station 35 angekommen war Vati in Zimmer 10. Er freute sich und wir beide füllten den Zettel für die Narkose aus. Er war im Dreibettzimmer. Am 24.12.11 fuhren Andi, Mia und ich nochmals nach Hannover. Mia hatte einen Weihnachtsanzug an. Als wir reinkamen ins Zimmer, sagte ich, wir haben den kleinen Weihnachtsmann mitgebracht. Die beiden anderen Patienten freuten sich auch, aber vor allem Uropa Horst. Sie sah so niedlich aus. Ich gab Mia noch die Flasche und dann fuhren wir wieder nach Hause.

Bei Andi, ein Anruf von meinem Vater, er solle ihn sofort abholen, und legte auf. Ich sagte, »was abholen, das geht doch nicht«. Ich versuchte ihn anzurufen, aber sein Handy war aus. Als ich ihn nach fünf Minuten erreichte, sagte er mir, er könne nach Hause, und er gab das Handy dem Arzt. Ich sagte zum Doktor, »Sie können doch nicht meinen Vater nach Hause schicken«.

Er sagte mir, »nein, Ihr Vater möchte gegen ärztlichen Rat nach Hause«.

Ich sagte dem Doktor, dass das nicht geht, und er sagte zu mir, »klären Sie das mit Ihrem Vater«.

Ich sagte, »Vati du kannst jetzt nicht nach Hause, du wirst doch operiert«.

Er sagte mir, »dann bleibe ich hier«.

»Gut«, sagte ich zu Vati.

Am Dienstag wurde Vati operiert. Ich durfte ab 18.00 Uhr auf der Intensivstation anrufen. Der Doktor sagte mir, dass er die Operation überstanden habe und man abwarten müsse. Ich soll am Mittwoch um 11.00 Uhr anrufen. Ich rief pünktlich an. Da erklärte mir der Doktor, dass sie meinen

Vater in der Nacht nochmal operieren mussten, da er nachgeblutet hatte. Ich ging dann zu Andi und Steffi rüber und erzählte es ihnen. Ich weinte gleich etwas. Morgen würden wir auf jeden Fall hinfahren. Weihnachten ist sehr schnell vorbei gegangen. Am 24.12. waren wir um 15.30 Uhr in der Kirche in Bierbergen. Abends brachten wir für Andi, Steffi und Mia die Geschenke. Wir freuten uns alle. Ich habe für Klaus zwei Übernachtungen im Berliner Hilton Hotel gebucht. Da Klaus gern ins Museum geht. Ich bin die letzten Tage um 7.30 Uhr abgeholt worden zur Bestrahlung, von einem sehr netten, gut aussehenden Taxifahrer, der sehr viel erzählte. Die Bestrahlungen finden täglich von Montag bis Freitag statt. Jetzt kommen auch andere Taxifahrer oder auch Taxifahrerinnen. Es gibt deutsche, türkische und tunesische Taxifahrer. Sie sind alle freundlich außer einer, der ist sehr arrogant. Aber man kann ja nicht alle Menschen mögen. Eines Abends sagte mein Klaus, »messe mal meinen Blutdruck«. Er war 180/95, zu hoch und Klaus klagte über Herzrasen und Schweißausbrüche.

Ich sagte, »Schatz, hier nimm die Blutdrucktablette ein«. Es war ein Betablocker. Das Herzrasen hörte nicht auf. Ich sagte ihm, dass es mir zu riskant sei wegen Verdacht eines Herzinfarktes oder Schlaganfalls. Also rief ich unseren Sohn Andi an und wir brachten ihn ins Krankenhaus. Es war auch schon 21.00 Uhr, als wir eintrafen. Der Doktor sagte zu uns, er hätte Vorhofflimmern und müsse zur Beobachtung dort bleiben. Am nächsten Tag besuchte ich ihn. Er lag im Dreibettzimmer, Fernsehen und Telefon am Bett. Er hatte ein Langzeit-EKG, Echo vom Herz und ein Langzeitblutdruck. Er lag drei Tage im Krankenhaus und sie haben nichts gefunden. Er musste aber eine Blutdrucktablette nehmen. Ich war froh, dass ich ihn wieder mitnehmen durfte. Wir besuchten auch meinen Vater in Fallingbostel in der Rehaklinik. Klaus, Rosa, Mia und ich besuchten ihn. Er hat ungefähr zehn Kilo abgenommen und konnte nach der Herz-OP mit Rollator laufen, er ist ja schon 82 Jahre alt. Die Fahrt von 1,5 Stunden ging so. Mia war artig.

So, es ist mal wieder Wochenende und Klaus' Geschwister Ingo und Heidi sowie Bernd und Margit sind am Samstag gekommen, da Sonntag die Taufe von Mia ist. Es kommen ungefähr 40 Personen. Sie haben einen Saal hier in Bierbergen gemietet. Als Klaus' Geschwister kamen, waren auch Andi, Steffi und Mia da. Sie freuten sich auf Mia. Nach dem Frühstück fuhren sie nach Hildesheim ins Museum zur Ägyptenausstellung. Ich wollte noch Salate und Zitronencreme für Sonntag vorbereiten. Als sie wiederkamen hatte ich Kaffee und Kuchen vorbereitet. Abends gab es Rollbraten und Gyrospfanne, Mischgemüse, Kroketten und Schokoladencreme. Ich war ja noch geschwächt und habe noch Gelenkschmerzen. Es war anstrengend für mich, aber ich versuchte es mir nicht anmerken zu lassen. Sie brachten für mich tolle Blumensträuße und Geschenke mit. Für Mia auch tolle Geschenke und Blumensträuße zur Taufe. Abends machten wir einen Spieleabend und Klaus' Schwester gewann.

Ich werde wieder täglich zur Bestrahlung abgeholt. Morgen ist Mittwoch und wir wollen zu meinem Vati fahren. Mein Taxiunternehmen aus Peine schließt leider, da die Chefin krank ist. Jetzt noch die letzten Bestrahlungen. Meine Brust hat einen Sonnenbrand und unter der Brust geht die Haut auf. Es schmerzt schon sehr. Ich musste doch schon viele Schmerzen aushalten. Aber ich hoffe auf Besserung. Ich habe von meiner Krankenkasse Post bekommen, wo drin, steht dass ich auch erwerbsunfähig werden könnte. Und warum ich mich selbst um eine Reha gekümmert habe.

So war das nicht. Ich rief bei meiner Krankenkasse an. Da sagte man mir, dass vom Gesetzgeber so ein Pauschalbrief für Krebskranke verschickt werden muss. Er sagte, »ja, ich hätte Ihnen vorher Bescheid sagen können«.

Ich war schockiert von dem Brief, denn bei meinem Fall sollte ich nach der Bestrahlung geheilt sein. Ob ich den Krebs wieder bekommen würde, wusste niemand. Ich hoffe, nicht. Um die Reha hat sich die Dame von der Bestrahlung gekümmert. Sie sagte, dass sie ihre Formulare nimmt. Ich habe von der Reha-Klinik Schönhagen Post bekommen. Ich soll am 6. März die Reha antreten, es waren ca. 325 km zu fahren. Klaus bekam höchstwahrscheinlich keinen Urlaub und konnte nicht mitkommen. Das machte mich traurig. Ich weiß nicht, ob das alles mit meiner Krankheit, meines Vaters Herzgeschichte und dass er selbst krank war, zusammenhing, dass ich das Gefühl hatte, dass es meinem Mann nicht so gut geht. Er war gereizt. Ich wusste aber auch nicht, wie ich ihm helfen konnte. Ich habe Julia heute einen Brief geschrieben. Julia ist auch eine gute Freundin. Sie schreibt mir auch öfters und das baut mich auf.

Gestern war unsere kleine Mia da. Ich gab ihr das erste Mal Apfel-Bananenbrei und die Flasche. Danach wollte ich sie hinlegen, aber sie wollte nicht schlafen. Also habe ich mich mit ihr beschäftigt. Sie ist jetzt vier Monate alt und so süß. Morgen zur Bestrahlung habe ich für die Taxifahrer ein paar kleine Sektflaschen und Schokolade eingewickelt. Für die Netten, die mich am meisten gefahren haben. Heute morgen war ein Taxifahrer aus Ilsede da, ein älterer Herr.

Bei der Bestrahlung habe ich meine Brust gezeigt. Darunter ist sie ja auf. Die Platte Mepalex sollte ich draufkleben. Das wäre doch richtig. Ich weiß nicht, warum, aber mir liefen ein paar Tränen während der Bestrahlung. Ich denke mir, ich muss immer stark sein, aber warum soll ich nicht mal Schwäche zeigen.

Heute würde ich meinen Reha-Antrag fertig ausfüllen

und zur Post bringen. Die letzten Bestrahlungen näherten sich. Meine Brust schmerzte und war stark gerötet und unter der Brust offen. Die Ärztin hat mir eine Salbe verschrieben. In der Apotheke sagte man mir, das Rezept gilt nicht, da dies die Krankenkasse nicht bezahlt. Also habe ich sie mir so gekauft. Man ist so schwer krank und muss doch so viel selbst tragen, richtig finde ich das nicht. Man zahlt sein leben lang von seinem Lohn Krankenkassenbeiträge, und wenn man so schwer erkrankt, muss man doch so viel selbst tragen. Was wäre, wenn man kein Geld hat? Ich bin froh, wenn ich die Bestrahlung überstanden habe, noch vier mal.

Heute hat Kerstin, gute Kollegin und auch Freundin, angerufen. Sie gab mir positive Energie. Ich habe heute Fragen für das Endgespräch bei der Strahlentherapie aufgeschrieben. Zum Beispiel: Spätfolgen? Nachsorge? Hautpflege? Warum darf mein Port erst nach sechs Wochen nach der Bestrahlung raus? Ab wann darf ich duschen? Heute war der letzte Tag der Bestrahlung. Steffi fuhr mit mir mit. Ich habe wirklich eine tolle Schwiegertochter. Als wir ankamen, gab ich dem Taxifahrer als Dankeschön eine kleine Flasche Sekt und Schokolade. Für das Team der Bestrahlung habe ich Süßigkeiten schön eingepackt, wie einen Präsentkorb. Sie haben sich sehr gefreut. Die Ärztin hat sich meine Brust angesehen. Ich soll drei Tage lang öfters Olivenöl drauf machen und dann darf ich duschen. Sie hat meine Fragen alle beantwortet. In zwei Wochen soll ich zur Nachsorge. Sie hat empfohlen 500 ml Milch täglich zu trinken und 40g Käse zu essen oder auch Calzium für die Knochen einzunehmen. Die Hormontablette Tamoxifen soll ich 1x täglich einnehmen. Die Frau Doktor ist sehr freundlich und ich bin positiv aus dem Gespräch gegangen. Die Ärztin erwähnte, ich sollte mir heute noch was gutes tun. Als wir zu Hause waren, hatte Andi Essen gekocht und

Steffi fuhr kurz nach Hohenhameln und hat für mich einen riesigen Blumenstrauß gekauft. Darüber habe ich mich riesig gefreut.

Endlich wieder Wochenende. Andi und Steffi sind am Samstag zur Feuerwehrfeier eingeladen und haben uns die kleine Mia gebracht. Ich habe ihr um 19.00 Uhr Brei und Flasche gemacht. Dann habe ich sie in ihr Bett gelegt und sie hat bis um 7.00 Uhr geschlafen. Ich habe ihr die Flasche gemacht, sie am nächsten Morgen gepämpert und sie hat noch eine Stunde bei uns im Ehebett geruht. Klaus hat Frühstück gemacht. Danach habe ich Mia gewaschen und angezogen. Sie ist so hübsch und niedlich. Sie ist ein kleines Goldkind mit hübschen blauen Augen. Am Mittwoch war ich beim Orthopäden zur Knochendichtemessung bei Dr. Quast in Peine. Eine etwas ältere Praxis, aber der Doktor sah gut aus und war sehr nett. Meine Knochendichte ist im Normalbereich. Aber meine Gelenkschmerzen habe ich ja noch. Er meinte auch, dass es noch von der Chemotherapie sein könnte. So, wieder Donnerstag und ich bin bei meiner Freundin Sandra zum Frühstück eingeladen. Ich habe Mia mitgenommen. Vöhrum ist nicht weit von uns entfernt, so ungefähr 15-20 Minuten. Sie hat sich gefreut auf uns. Es gab ein leckeres Frühstück mit Käse, Schinken, Marmelade und Brötchen. Der Hund von ihr heißt Fritz. Ihre Kinder sind in der Schule und im Kindergarten. Im Auto singe ich Mia etwas vor und sie hört mir zu. Jetzt wird sie bald fünf Monate alt. Steffis Vater zog von Harsum nach Hildesheim. Es war für ihre Stiefmutter besser, da sie in Hildesheim arbeitete. Deswegen haben wir Mia schon früh um 7.30 Uhr bekommen. Mia konnte jetzt schon Brei essen und sie ist so lieb. Sie wollte jetzt immer beschäftigt werden. Sie lachte auch viel. Nächstes Wochenende fahren wir zu Klaus' Bruder Helmut, seine Frau Tamara wurde 60 Jahre alt. Ich habe ein Brett mit Glitzerfolie überzogen und ein Boot, einen Fisch, eine Frau im Urlaubslook und eine Schatztruhe, in der das Geld ist, toll in Folie eingewickelt. Für die beiden Kinder habe ich ein Buch und Süßigkeiten gekauft. Für die beiden Töchter habe ich eine Tasse jeweils mit roten und lila Punkten geholt, wo man einen großen Blumentopf reinstellt. Wir freuen uns schon auf die Feier.

Gestern hat Steffi meine Haare etwas gerade geschnitten, denn hinten hatte ich noch ein paar längere Haare, die nicht ausgefallen sind. Sie sind aber noch zu kurz, um Strähnchen zu machen. Ich muss am Montag, also morgen, zur Strahlenärztin zur Kontrolle meiner Brust. Also, der Sonnenbrand ist fast weg. Ich reibe sie immer noch 2x täglich mit Babyöl ein. Die Augenbrauen, Wimpern und Intimbereich wachsen wieder. Ich fahre in neun Tagen in die Rehaklinik nach Bad Schönhagen. Ich hoffe, dass sie mir helfen dass es mit meinen Gelenkschmerzen besser wird. Das belastet mich sehr, da ich bald wieder arbeiten gehen möchte. Es ist aber noch nicht möglich, da ich mit den Schmerzen nicht arbeiten kann. Ich muss in meinem Beruf wieder 100% geben und das würde ich jetzt noch nicht schaffen. Als Krankenschwester muss ich viel laufen und heben. Ich erhoffe mir viel von den drei Wochen Rehaklinik.

Wir waren am Wochenende zum 60. Geburtstag bei Tamara, Klaus' Schwägerin. Als wir in Wolmirstedt ankamen, mussten wir in den 6. Stock. Wir haben Kaffee getrunken und sind anschließend zu der Wohnung gegangen, die sie extra für uns gemietet haben. Wir haben uns umgezogen und uns an der Ecke um 17.15 Uhr getroffen. Wir sind alle zur Gaststätte gegangen. Wir haben toll gegessen, ein riesiges Buffet. Es war alles lecker. Tamara hat sich gefreut über die Geschenke und das, was vorgetragen wurde. Es war ein schöner Abend und unsere Mia war so artig. So, jetzt ist der Tag gekommen, der 06. März 2012, wo meine Reha beginnt. Wir fahren um 9.00 Uhr los mit Mia. Wir sind 3,5 Stunden gefahren bis Eckernförde, wo Steffis Schwester wohnt. Ihre Schwester hat lecker gekocht. Mia und das Baby ihrer Schwester, Luisa, lagen auf der Babydecke, so süß. Wir sind dann nach Schönhagen gefahren. Dort angekommen zur Aufnahme, wo wir den Zimmerschlüssel bekommen haben. Ein großes Doppelzimmer für mich allein. Sie haben gedacht, dass ich mit meinem Mann anreisen würde. Die von der Strahlenabteilung hatte mich mit Partner angemeldet. Auch sein Essen musste ich abmelden. Auf dem Zimmer angekommen habe ich erst mal meine Sachen ausgepackt. Den Doktor, der mich untersucht, habe ich am nächsten Tag kennengelernt. Er hat mich untersucht. Und einige Sachen für mich angemeldet, zum Beispiel Yoga, Ergometer und Walken. Ich bin dann um 15.30 Uhr zur Krankengymnastik und um 16.30 Uhr zum Ergometertraining. Und um 18.00 Uhr nochmals zur freiwilligen Sporttherapie.

Beim Abendbrot sitzen auch zwei Frauen und ein Mann an mein Tisch. Das Essen ist ausreichend und gut. Die eine Frau hat Darmkrebs und die andere Frau Brustkrebs. Schloss Schönhagen ist ein schönes altes Schloss, wo das Hauptgebäude ist. Dort ist ein großer Speisesaal, eine Empfangshalle, ein Café, ein kleiner Kiosk und mehrere Räume, die doch groß sind. Da fand auch der Empfang statt. Weiterhin eine Bibliothek und zwei Neubauten mit sechs Stockwerken für über 200 Patienten, die ihre Zimmer dort haben. Am Anfang wurde ich von einem Krankenpfleger, der auch gut aussah, aufgenommen. Zu Dr. Miehe muss ich nächste Woche Dienstag wieder hin. Er kennt meinen Professor Schuster aus dem Klinikum.

Jetzt ist schon eine Woche um und ich war bei Dr. M.-Albers zur Visite. Er fragt mich, wie es mir geht und wie die Anwendungen ankommen. Ich erklärte ihm, dass mir die Anwendungen gut tun, wie zum Beispiel heute um 9.00 Uhr der Vortrag über Krebs und Ernährung. Um 11.00 Uhr Ergotherapie Sensi Hand. Das sind Übungen, wo Linsen und Bohnen in einem großen Gefäß sind und ich fasse mit den Händen hinein, damit die Sensibilitätsstörungen der Hände und Finger besser werden. Der Beitrag über Verhalten im Alltag und Beruf ist ausgefallen. Heute eß ich um 12.45 Uhr und habe heute einen anderen Platz. Um 13.30 Uhr war ich zur Krankengymnastik. Da waren sechs Frauen und wir haben Übungen mit dem Stock gemacht für die Lymphgefäße. Um 15.00 Uhr habe ich mich mit Ute im Café verabredet. Ich musste aber schon um 15.30 Uhr ins Bewegungsbad und um 16.45 Uhr hatte ich Ergometertraining. Von 17.15 Uhr bis 21.45 Uhr war freies Schwimmen oder man konnte auch zur freiwilligen Sporttherapie gehen. Ich war am Sonntag mit Ute und vielen anderen mit dem Bus in Kiel und Laboe. Die Stadt Kiel hat mir persönlich nicht gefallen. Aber in Laboe war es dafür sehr schön. Wir waren auf einem Turm, da sind wir mit dem Fahrstuhl hochgefahren. Es hat fünf Euro gekostet und wir haben Laboe von oben gesehen. Anschließend sind wir zur U-Bootbesichtigung gegangen, das hat mir gut gefallen.

Am Montag war wieder mein Zweizellenbadstrom für die Füße. Ergotherapie Sensi Fuß. Yoga war nett, aber ich musste aufpassen, dass ich nicht einschlief. Ich habe mir hier ein Fahrrad ausgeliehen und bin am Strand entlang gefahren. Da wollte ich zu den schönen Häusern fahren, aber da war leider ein Zaun und ich fuhr dann den Feldweg lang und dachte, es müsste ja eine Straße kommen, aber nach 2 km bin ich umgedreht, denn es kam keine Straße. Am Nachmittag habe ich mich mit dem Fahrrad nach Brodersby aufgemacht. Es war sehr windig und ich hatte keinen Schal um und jetzt hatte ich deswegen Halsschmerzen.

In Brodersby sind die Häuser mit Strohdächern, was mir sehr gefällt. Am nächsten Tag bin ich mit meiner Tischnachbarin Jutta nach Kappeln gefahren. Wir waren in Kappeln spazieren, einer schönen Kleinstadt. Wir sind ins Café Müller gegangen, aber wir haben keinen Kuchen gegessen. Ich habe für Mia eine kleine Ente zum Spielen gekauft und für Klaus ein Vogelhaus. Für mich zwei kleine Töpfe Osterglocken für mein Zimmer und eine kleine Rose. Es hat mir Freude gemacht. Heute ist schon Mittwoch und ich habe von Julia und Sabine Post bekommen und habe mich riesig gefreut. Jetzt habe ich mich mit Ute im Café verabredet. Ich bin heute Abend noch am Strand gewesen. Dort waren zwei Angler, aber sie haben während meiner Anwesenheit keinen Fisch gefangen. Ich habe mich dort auf die Bank gesetzt. Jetzt gehe ich noch ins Café, ein Glas Wein trinken und danach noch etwas Fernsehen schauen. Neben mir im Zimmer muss ein älterer Herr sein. Er führte ein Telefonat und erzählte, wie er Urin abgefüllt hat. Ich stand auf dem Balkon und hörte es. In der Woche hatte ich einige Anwendungen. Sie tun gut, aber am besten waren Fahrrad fahren und Schwimmen.

Jetzt war endlich Wochenende und am Samstag kam Klaus. Er war ungefähr um 12.00 Uhr da, und ich zeigte ihm mein schönes großes Zimmer mit Balkon. Wir fuhren nach Kappeln, in die schöne kleine Stadt mit dem kleinen Hafen. Wir sind am Hafen Essen gegangen. Klaus aß gebratenen Rotbarsch mit Bratkartoffeln und Salat. Wir waren dann spazieren und ich fragte Klaus, ob wir Kaffee trinken gehen sollten. Er sagte, dass er Magen-Darmprobleme hat. Wir fuhren nach Schönhagen zurück und haben uns ausgeruht. Danach sind wir ins Schlosscafé gegangen. Wir waren am Strand spazieren, mussten aber zügig zurückgehen, da es Klaus nicht gut ging. Er legte sich hin und ich kochte ihm einen Tee und gab ihm ein trockenes Brötchen. Am nächsten Tag fuhr er am Vormittag wieder nach Hause, obwohl ich doch traurig war. Ich habe es mir anders vorgestellt, aber man kann nichts machen, wenn es dem Partner nicht gut geht.

Ich bin auch etwas erkältet. Ich habe mich heute Nachmittag um 14.00 Uhr mit Ute verabredet. Wir wollen 2 km am Strand nach Lobster spazieren gehen und dort Kaffee trinken. Nächste Woche von Mittwoch bis Freitag wollen die Mitarbeiter streiken. Sie bieten dafür kostenlose Fahrten an. Da muss man am Montag die Plätze reservieren. Ich habe mir die Busfahrkarten geholt. Am Mittwoch fahren wir ab 13.00 Uhr »Auf den Spuren des Landarztes« und am Donnerstag von 9.00 Uhr bis 17.30 Uhr zur Krokusblüte nach Husum. Am Freitag von 9.00 Uhr bis 17.30 Uhr nach Büsum an der Nordsee. Ich freue mich schon drauf. Die Anwendungen finden wegen der Streiks nicht statt. Es hat aber die Schwimmhalle und Sporthalle geöffnet. Aber manche ältere Herrschaften verstehen das nicht, weil sie trotzdem alle einen Plan bekommen haben. Ich war heute doch mit beim Walken.

War zwar mit die Letzte, aber mein Fuß tat mir nicht ganz so weh. Visite bei Dr. Worter war ich heute auch. Er ist ein sehr netter offener Oberarzt, der auch zuhören kann. Er hat mir ein Rezept für einen BH ausgestellt. Da kommt eine, die meine BH-Größe genau ausmessen wird, weil mein BH doch sehr einschneidet. Der Doktor hat mir auch Salbeitabletten wegen der Hitzewallungen aufgeschrieben. Er ist sehr vertrauenserweckend. Heute Nachmittag war ich wieder mit Ute verabredet und habe mir zum Kaffee ein Stück Schwarzwälder Kirschtorte bestellt. Deswegen werde ich heute Abend 20 Minuten Fahrrad fahren. Ich bin froh, dass ich 2 kg abgenommen habe, und es sollen noch ein paar Kilos purzeln. Ich habe mir hier in der Bibliothek ein Buch ausgeliehen. Das heißt »Überlebensbuch Brustkrebs«. Davon habe ich schon einige Seiten gelesen. Aber ab und zu lese ich auch in dem Buch von Daniela Katzenberger, »Sei schlau stell dich dumm«. Man kann es gut lesen, es ist witzig und einfach geschrieben. Ich habe heute für unsere kleine Mia eine Pooh-Bärenkarte geschrieben. Unsere Mia wird jetzt schon 6 Monate alt. Ute hat mir heute ein Ei mit einem Huhn geschenkt, weil ich ihr einen Blumentopf geschenkt hatte. Ich verstehe mich mit ihr super. Wir sind auf einer Wellenlänge. Aber auch mit meiner Tischnachbarin Jutta, die etwas über 60 Jahre alt ist, verstehe ich mich super. Sie ist zwar etwas penibel, aber sie mag meine Art und deshalb verstehen wir uns auch sehr gut. Es gibt hier auch Frauen, die schwierige Charaktere sind. Sie denken, nur ihnen geht es schlecht und nur sie haben Krebs. Aber hier sieht man doch viele Frauen, die zum Beispiel an Brustkrebs, Darmkrebs, Leukämie erkrankt sind oder eine neue Hüfte bekommen haben. Heute sind wir nach »Auf den Spuren des Landarztes« gefahren. Das Haus, wo die Fernsehsendung stattfindet, war leider geschlossen. Und wir wollten auch zwei Kirchen ansehen, aber wir standen vor verschlossenen Türen. Das war doch sehr schade. Der Busfahrer erklärte die Dörfer hier sehr gut. Wir sind auch nach Kappeln gefahren, wo ich mit Ute im Café Müller war. Wir haben ganz leckere Rhabarbertorte gegessen und Kaffee getrunken. Das war so lecker. Ute hat für ihren Mann Trüffel und Pralinen gekauft. Er kommt am Freitag aus Zwickau und bleibt bis Dienstag. Es war eine schöne Busfahrt und das Wetter war auch sehr schön.

Ich bin jetzt wieder auf meinem Zimmer und habe doch schon Heimweh. Heute finden ja wegen des Streik keine Anwendungen und kein Sport statt. Ich werde jetzt noch etwas Gymnastik machen. Meine Gelenkschmerzen habe ich immer noch. Ich werde auch gleich zum Abendbrot gehen.

Wir reden beim Abendbrot auch über Frauen, die doch schwierig sind.

Heute ist Donnerstag und wir fahren nach Husum. In Husum angekommen gehen wir etwas spazieren durch die Stadt. Das Wetter ist sehr gut, die Sonne scheint. Wir gehen in eine Gaststätte namens Jenny und essen lecker Fisch. Danach gehen wir noch über den Markt. Ich kaufe zwei Blumentöpfe Krokusse. Einen habe ich für Jutta gekauft und einen für mich. Anschließend schauen wir uns die Krokusblüte an. Wir fahren mit dem Bus zurück.

Abends will ich mit Ute noch ein Glas Wein trinken gehen zum Abschied. Da sitzen auch Jutta, Brigitte und Erwin und wir setzten uns dazu. Wir lachten und lästerten nur, aber das machen Frauen ja so. Die eine ist wohl magersüchtig und stopft Torte nur so in sich rein und später erbricht sie, das ist so ekelig.

Heute, am Freitag, fahren Jutta und ich nach Busum. Bei Ute und Brigitte sind die Ehemänner gekommen. Der Bus ist fast voll und wir lachen schon wieder über alles. Es sind zwei Stunden Busfahrt von Schönhagen nach Busum. Da angekommen fahren wir beide mit der Bimmelbahn durch Busum. Es ist lustig und anschließend gehen wir wieder lecker Essen, wieder Fisch. Anschließend gehen wir durch die Stadt und ich kaufe mir eine rosa Strickjacke und Jutta kauft sich ein Poloshirt. Die Sonne scheint und wir schauen aufs Meer, überall Wasser weit und breit. Es ist auch ein Hafen da, gemütlich klein. So, es geht wieder zurück.

Heute ist Sonntag, Jutta und ich fahren nach Schleswig. Wieder eine Busfahrt. Jutta ist doch auch sehr nett und lustig. Wir lachen sehr viel. Wir gehen zum Dom und vorher Essen, wieder Fisch mit Pommes. Das Essen habe ich nicht so gut vertragen, vielleicht zu fettig. Das Wetter ist toll und die Sonne scheint. Die Reiseleiterin erklärt sehr gut. Leider bekomme ich des öfteren Hitzewallungen. Ich nehme Sal-

beitabletten unregelmäßig.

Heute ist Montag, mein letzter Tag. Gleich früh muss ich 15 Minuten Fahrrad fahren, also Ergometertraining. Dann gibt es Frühstück. Danach Arztvisite mit Dr. Miehe. Ich gehe danach zum Fußbad mit Strom und anschließend noch zu Sensi Hand. Abschließend ist die Reha in Schönhagen sehr gut. Ich habe doch Übungen gelernt die ich auch zu Hause nachmachen kann. Ich brauche noch etwas Zeit, bis ich wieder voll arbeiten kann, da meine Gelenkschmerzen doch noch da sind. Aber ich muss zu Hause noch regelmäßig Sport machen. Den Frauen, die mein Buch lesen, möchte ich den Rat geben: Schauen Sie immer nach vorn, es geht immer weiter. Wichtig: Positives Denken ist zwar leicht gesagt, aber es hilft.

Ich war auch noch am Strand und habe meine Füße gebadet, eiskalt, es ist heute der 26. März. Heute Nachmittag gehe ich noch zum Yoga und die Frau, die mir den BH anpasst, kommt auch noch. Morgen fahre ich wieder nach Hause. Unsere Freunde Günter und Monika holen mich morgen früh ab. Ich freue mich wieder auf zu Hause, auf meinen Klaus, Andi, Steffi, Mia, meinen Vater, Rosa und unsere Freunde. Zu Hause ist es doch am schönsten. Ich lese jetzt noch in mein Buch von der Katzenberger und gehe danach Essen. Meine Sachen werde ich nachher packen.

Monika und Günter sind pünktlich da. Ich sitze gerade im Café und trinke mit Jutta und Erwin einen Espresso, da klingelt mein Handy. Die beiden sind da. Wir packen meine Sachen ins Auto und fahren nach Hause. Ich bin glücklich. Fast vier Stunden Fahrt. Zu Hause angekommen gehe ich gleich zu Steffi und Mia. Sie freut sich auf ihre Oma. Drei Wochen habe ich die Kleine nicht gesehen. Steffi macht mir gleich einen Cappuccino. Ich freue mich auf Klaus, Küsschen, Küsschen.

Endlich wieder zu Hause. Ich war positiv überrascht, da

Klaus sogar österlich geschmückt hatte. Es sah wirklich gut aus. Die Osterzeit geht doch schnell vorbei. Ostermontag habe ich meinen Vater, Rosa, Andi, Steffi und Mia eingeladen. Es war ein schöner Tag. Wir sind auch zum Osterfeuer mit Axel und Iris gegangen.

So, jetzt war es an der Zeit, dass ich mir den Port rausoperieren ließ. Der Doktor meinte, es wäre besser, den Port zwei Jahre drin zu lassen, aber für mich war es ein Fremdkörper, der raus musste. Die Betäubung tat doch weh, er war sogar festgewachsen. Die Schwester im OP war sehr nett. So, geschafft und das Ding war raus. Ich musste auch zum Gynäkologen. Es wurde mir Blut abgenommen. Die Laborwerte waren okay. Er untersuchte mich und machte ein Ultraschall von der Brust. Durch die Bestrahlung war sie noch verhärtet. Ich habe am 24.05.12 einen Termin zur Mammografie bekommen. Davon hängt viel ab für mich. Ich hoffte, das keine Krebszellen zu sehen sein würden. Ich wollte bald wieder arbeiten gehen. Aber noch war ich nicht fit genug. Ich habe von der Krankenkasse eine Bewilligung für Funktionstraining bekommen. Es war immer freitags um 8.30 Uhr. Ich habe damit nicht gerechnet dass sie dies bezahlen. Ich war positiv überrascht. Ich habe mir Linsen gekauft, um Greifübungen für ca. eine Viertelstunde täglich zu machen. Das soll die Sensibilität stärken. Ich fahre fast täglich Fahrrad, um fitter zu werden. Wir sind bei Iris zum Geburtstag eingeladen. Sie hat chinesisches Essen bestellt, alles total lecker. Es war ein schöner Flur. Axel hat draußen den Ofen angemacht und so konnten wir lange draußen sitzen. Steffis Cousine Katharina hat geheiratet und wir haben Mia von Samstag bis Sonntag gehabt. Sie ist zuckersüß. Sie ist jetzt 6 Monate alt.

Ich war mit Angela in Peine zum Einkaufen und habe mir Ohrlöcher stechen lassen. Ich habe mir silberne Ohrringe gekauft. Mit Iris war ich auch in Peine zum Frühstücken.

Ein paar Freundinnen haben auch angerufen, Kerstin, Heike, Barbara und auch Klaus' Schwester Margit. Die Anrufe tun gut, weil man dabei merkt, man wird nicht vergessen.

Am Freitag waren Klaus, Mia und ich im Kaufland einkaufen. Wir haben Mia in den Einkaufswagen gesetzt, es ging super. Ich war Freitag früh auch zum Funktionstraining. Es dauert immer eine gute halbe Stunde. Ich habe noch Schmerzen im rechten Arm und auch am Fuß, deswegen muss ich leider auch mit Sport vorsichtig sein. Ich muss den Mittelweg finden, um wieder fit zu werden. Ich brauche einfach noch Zeit.

Ich bin bei Heike zum 50. Geburtstag eingeladen. Meine Kollegin Anke wird mich mitnehmen, da bin ich sehr froh. Die Tage vergehen doch sehr schnell. Morgen fängt schon wieder eine neue Woche an. Gestern Abend habe ich einen traurigen Film gesehen. Wo ein Mädchen an Krebs erkrankt ist und gestorben ist. Dies hat mich bewogen, über mich intensiver nachzudenken. Habe ich es geschafft oder doch noch nicht? Meine Brust ist von der Bestrahlung noch verhärtet. Ich muss am 24. Mai zur Mammografie, wo ich doch Bammel vor habe.

Es ist so weit, Steffi und ich fahren nach Hildesheim zur Mammografie. Mia haben wir zu Iris gebracht. Ich habe doch ganz schön Muffensausen, einfach Angst vor dem Ergebnis. Ich werde aufgerufen, die Röntgenassistentin ist sehr nett und beruhigt mich. Die Brüste werden nacheinander eingespannt und geröntgt. Dann werde ich zum Doktor rein gerufen. Alles in Ordnung, kein Krebs mehr.

Ich war glücklich. Er sagte, wir sehen uns in einem Jahr wieder. Wir kauften eine Flasche Champagner und tranken mit Iris ein Glas. Den Rest habe ich mit Klaus getrunken. Der Geburtstag bei meiner Kollegin war rundum gut. Klaus' Bruder hatte auch den 60. Geburtstag. Wir waren in Ausleben und haben ganz toll gefeiert. Ich trug etwas vor, halb Engel und halb Teufel. Da hat Klaus ein rotes und ein weißes T-Shirt zusammengenäht und wir haben links einen Teufel und rechts einen Engel befestigt. Auf dem Kopf hatte ich so eine Kappe, halb Engel und halb Teufel, auf. Es ist super angekommen. Das Essen war super.

So, jetzt ist das Pfingstwochenende wieder vorbei. Nächste Woche gehe ich zum Hausarzt, um das Weitere zu besprechen. Jetzt ist bald Juni 2012 und ich würde gern in drei Monaten mit der Wiedereingliederung beginnen und hoffe, dass ich es schaffe. Dann sind ein Jahr und fünf Monate rum. Es war eine schwere Zeit. Aber durch meine positive Ausstrahlung habe ich es doch gut überstanden. Die Zeit vergeht sehr schnell. Jetzt hat der Nachbar uns gefragt ob unser Sohn Interesse an einem Hauskauf hätte. Die beiden haben Interesse und ein Termin zur Besichtigung ausgemacht. Das Haus gefällt beiden sehr gut. Sie haben jetzt einen Termin bei der Bank gemacht und möchten einen Kredit haben.

Andi hat Geburtstag und er hat seine Freunde, Steffis Vater und Stiefmutter und uns eingeladen. Klaus und ich haben überlegt, ihm 5.000€ zu schenken, da wir für die beiden gespart haben. Wir haben es ihnen bei der Geburtstagsfeier geschenkt. Steffi hat geweint vor Rührung, denn sie können es jetzt gut gebrauchen. Beim Geburtstag war auch Steffis Schwester mit ihrem Sohn Lukas und der kleinen Luisa, 15 Tage älter als unsere Mia, da. Es war so niedlich, die beiden nebeneinander in ihren Hochstühlen zu sehen. Es war eine tolle Feier. Ich war beim Hausarzt, der möchte mich einmal durchchecken. Es steht ein EKG, Ultraschall und Blutabnahme an. Heute hatte meine Stationsleitung angerufen. Ich habe ihr gesagt, dass ich noch etwas Zeit brauche. Ich habe von Wiltrud, einer Freundin und auch Heilpraktikerin, eine Entgiftungskur bekommen. Es sind verschiedene Tropfen, die ich in einem Liter Wasser verdünnen muss, ca. vier Wochen lang. Es ging mir besser. Aber als ich damit aufhörte, hatte ich wieder Schmerzen. Ein Zeichen, dass ich noch nicht fit bin. Mein Arm ist noch etwas geschwollen und schmerzt. Aber meine Beine sind besser geworden. Ich habe dies leider noch von der Chemotherapie zurückbehalten. Steffis Schwester hat kirchliche Trauung und Taufe. Eine Opernsängerin hat uns das Ave Maria gesungen. Es war toll. Anschließend ist das Brautpaar mit einer Kutsche zur Feier gefahren. Wir sind auch noch zum Sektempfang gefahren und sind anshießend mit Mia nach Hause gefahren. Es war eine schöne Feier. Unsere Kinder fahren mit Mia in den Urlaub für eine Woche nach Grömitz. Ich freue mich schon, wenn sie wiederkommen. Heute haben Julia und Barbara angerufen. Andi, Steffi und Mia sind aus dem Urlaub wieder da. Es war sehr schön dort, das Wetter war wechselhaft. Mia kann jetzt ihre Flasche zum Trinken alleine festhalten und mit Hilfe ein paar Schritte laufen. Sie ist jetzt 10 Monate und hat sogar schon auf ihr Töpfchen gesessen. Es ist toll, das Enkelkind aufwachsen zu sehen. Ich gehe freitags immer zum Funktionstraining. Die Leiterin sagte, ich solle meinen Arm schonen. Der Herr von der Krankenkasse hat auch wieder angerufen und wollte wissen, wann es losgeht mit der Wiedereingliederung. Ich habe am 03. August einen Termin bei meinem Hausarzt. Ich möchte eigentlich am 03. September damit beginnen und hoffe, dass es mit meinem Arm dann besser ist. Wenn das mit dem Arm nicht wäre, hätte ich schon eher anfangen können. Ich wurde ja aufgeklärt, dass Gelenkschmerzen auftreten können. Aber dass es so lange anhält, nicht. Die betroffenen Frauen, die mein Buch lesen, möchte ich bitten: Hinterfragen Sie Ihren Doktor. Das Buch soll Sie positiv beeinflussen, um immer nach vorne zu schauen. Ich schreibe auch viel von meiner Familie mit rein, da es hilft. Ich war heute bei meinem Pflegedienstleiter. Ich erklärte ihm meine Wünsche, dass ich zwei Wochen, drei Stunden und zwei Wochen vier Stunden bei der Wiedereingliederung arbeiten möchte. Er hat mir empfohlen sechs Stunden noch zwei Wochen zu arbeiten und dann wieder acht Stunden. Ich muss schauen, wie ich es schaffe. Ich musste nochmal einen Termin beim Betriebsarzt machen, obwohl mein Hausarzt mich untersucht hat. Dann muss ich einen Parkplatz beantragen im neuen Haus, es kostet 15€ monatlich. Wegen meines Urlaubes der mir noch zusteht von 2011 muss ich noch mit Herrn Waren etwas abklären. Andreas, Steffi und Mia ziehen jetzt bald in ihr neues Haus ein. Es ist alles frisch gestrichen und tapeziert. Sie haben Laminat und Auslegware verlegt. Wir wollen am Mittwoch Großputz machen. Am Samstag soll der Umzug sein. Wir wollen am Samstag zu unseren Freunden fahren. Wir sind zwar beim Umzug nicht dabei, aber wir helfen ihnen jeden Tag. Ich nehme Mia öfters und Klaus hilft im Haus. Es ist noch viel Arbeit. Ich fahre jeden Tag Fahrrad wegen meiner Beine. Es ist schon viel besser geworden. Heute habe ich bei meinem Arbeitgeber angerufen und wegen meines Urlaubs nachgefragt, weil ich ja 60% schwerbehindert bin, und da erhält man fünf Tage mehr Urlaub im Jahr. Die Wiedereingliederung rückt immer näher. Wir sind doch nicht zu Barbara und Manfred gefahren. Wir werden am 01. September nach Wernigerode fahren. Wir haben klein-Mia genommen und sind mit ihr weggefahren. Am Nachmittag sind wir dann zu Andi gegangen. Klaus hat dann noch geholfen, Lampen anzubringen. Jeden Abend hat Klaus geholfen. Ich hatte Mia auch öfters, damit Steffi was im Haus schaffen konnte. Jetzt ist alles schön. Steffi und Andi können auf sich stolz sein, dass sie alles so toll geschafft haben. Ihr eigenes Haus, super. So, ich habe am Dienstag ein Gespräch wegen meiner Wiedereingliederung mit der Leitung, Heike. Wir treffen uns im Café del sol. Ich erkläre ihr meine Wünsche zwei Wochen drei Stunden, zwei Wochen vier Stunden und danach wieder voll arbeiten zu wollen. Auch, dass ich im Oktober Urlaub haben möchte. Alles super. Aber dann sagt sie mir, dass ich nicht in meine Schicht komme mit meinen Leuten. Da war ich doch traurig drüber, aber so ist das Leben. Am nächsten Tag zum Betriebsarzt. Er untersucht mich und lässt mich am 03. September wieder arbeiten. Ich bin auf meiner Station vorbei und habe Bescheid gesagt, dass es klappt. Mein Ziel war es, wieder voll als Krankenschwester arbeiten gehen zu können, und ich habe es erreicht. Deswegen werde ich mein Buch hiermit beenden. Ich möchte mich bei den Frauen, die mein Buch lesen, schon mal im Voraus bedanken und hoffe, dass es auch Ihnen bald wieder gesundheitlich gut geht.

Ihre Roswitha Dawid